La chèvre de ma mère

Le secret de la prospérité financière

International Success Training Center

44, Av. de la Justice, Kinshasa Gombe/RDC
Tél. :+33 7 53 18 00 64
Site web : www.ricardokaniama.com
Couriel : contact@ricardokaniama.com

Dépôt légal :
DC 3.01512-57423
Bibliothèque nationale de la RDC

Conception graphique de la couverture :
GILGA MASWENGO

Mise en page :
GILGA MASWENGO

Deuxième édition
ISBN : 978-99951-818-1-9

Ricardo KANIAMA

La chèvre de ma mère

ISTC

A toi Kunta Kinte, ancêtre libre, capturé en Afrique et asservi par des chaines en fer pour devenir une machine de production en Amérique. Ta vie et ton histoire m'ont aidé à comprendre qu'on peut rester esclave sans forcément être enchainé par des chaines en fer. Toujours conscient de ta condition et prêt à te battre pour te libérer, tu m'as aidé à comprendre qu'il existe d'autres types de chaines: « puissantes et invisibles ». Celles-ci peuvent maintenir des millions en condition d'esclaves pendant toutes leurs vies sans qu'ils s'en rendent compte moins encore s'en rebeller. Ces chaines sont parfois intérieures et enchainent ce que nous avons de plus précieux, notre mental. Elles sont parfois extérieures à travers des systèmes économiques qui maintiennent celui dont l'intelligence financière n'est pas assez développée pour s'en apercevoir dans une sorte d'esclavage moderne et valorisante.

A toi, ma mère, qui grâce à ta seule chèvre, as réussi à nous élever. Même si tu n'avais pas fréquenté l'université officielle, tu as cependant réussi dans l'université où des millions de diplômés échouent, celle de la vie pratique, avec la plus grande distinction.

Aux jeunes du monde entier qui ont réussi dans les universités officielles et qui désirent réussir dans celle de la vie pratique.

Je dédie ce livre. Puisse-t-il vous aider à « comprendre » et à trouver le chemin vers la liberté financière.

Ricardo Kaniama, "Je suis Kunta Kinte!"

Remerciements

A Dieu Tout-Puissant qui a conduit mes pas vers le chemin de sa sagesse.

A ma mère qui m'a appris à me prendre en charge depuis ma petite jeunesse.

A ma femme et mes merveilleux garçons.

A mes auditeurs et lecteurs qui m'ont accordé leurs temps précieux pour écouter ou lire l'histoire de la chèvre de ma mère.

Aux étudiants de l'ISTC, qui m'ont beaucoup encouragé à écrire ce livre afin d'aider ceux qui comme moi voudraient réussir leur vie financière.

A vous qui ne cessez d'en parler autour de vous, spécialement l'équipe de KIP Academy Paris qui en a fait sa mission.

Au révérend Père Yves Menanga qui a soigneusement corrigé le manuscrit de ce livre.

Je vous présente toute ma gratitude.

Avant-propos à la deuxième édition

Il y a 12 ans, c'était en 2007, j'étais parmi les rares personnes à m'apercevoir que l'école, dans sa forme actuelle, ne nous enseignait rien sur les finances personnelles et l'argent. Cette prise de conscience m'avait aidé à sortir de cette illusion pour aller chercher ailleurs une connaissance qui pourrait m'aider à devenir riche à partir de rien. Je regrettais qu'aucun Africain devenu riche n'avait écrit pour partager aux autres ses connaissances et son expérience sur ce qu'il faut pour devenir riche. J'étais donc obligé de l'apprendre seul et très souvent par des livres écrits par des Américains. Ces connaissances étaient beaucoup plus proches de la sagesse de nos ancêtres comme celle de la chèvre de ma mère. Grâce à ces découvertes, j'étais parti d'un capital de 50$, soit l'équivalent du prix d'une chèvre, pour devenir millionnaire en dollars américains.

C'est là qu'était née l'idée d'écrire des livres pour partager mes découvertes et mon expérience avec les autres dans l'objectif de les aider à faire comme moi. Car, je suis toujours convaincu que l'Afrique deviendra riche s'il y a un plus grand nombre d'Africains qui deviennent riches. Et pour que cela advienne, il faut qu'il y ait plus de gens qui découvrent la vérité dans ce domaine.

Même si beaucoup regrettent d'avoir lu ce livre en retard, je suis heureux de constater que des millions de gens m'ont remercié de l'avoir lu.

Si je devais reprendre tous les témoignages reçus des lecteurs de ce livre, je devrais écrire un autre livre plus volumineux que celui-ci. Mais, j'ai pensé reprendre ici trois témoignages. D'abord celui d'un lecteur qui m'a partagé son expérience en ces termes :

« Ricardo, je suis tombé sur ton livre par hasard. J'ai commencé la lecture vers 15heures mais je ne savais pas comment m'arrêter. J'ai continué la lecture toute la soirée et c'est à 3 heures du matin que je suis arrivé à la fin. Pour la première fois, j'ai lu un livre en un temps record et jamais un livre m'a autant révolutionné. » Et c'est cela la chèvre de ma mère, un livre que les lecteurs ont lu en temps record.

Un autre témoignage qui m'a particulièrement touché est celui d'un homme d'une cinquantaine d'année qui a partagé lors d'une formation comment ce livre avait changé la vie dans son couple. Le lecteur avait lu le livre et il était convaincu que c'était la solution aux problèmes d'argent que vivait sa famille. Sa femme, qui ne faisait rien sinon regarder la télévision du matin au soir, était une grande dépensière qui estimait que l'argent qu'on lui laissait ne suffisait jamais. Mais comment convaincre sa femme de lire un livre sans créer de disputes ? Le monsieur a eu une géniale idée et a proposé le deal suivant à sa femme. « Ma chérie, si tu lis ce livre, je t'offre 100 dollars ». Pour gagner 100$ US, son épouse s'est mise à lire le livre et l'a fini en deux jours. Après avoir fini, elle dit à son mari, "tu peux garder ton argent". A partir de ce moment, elle se mit à épargner une partie de ce qu'elle recevait pour la cuisine et quelques mois plus tard elle commença un commerce devant sa maison.

Des employeurs, comme l'Ambassade des USA, ont acheté ce livre pour le distribuer à leurs agents afin de les aider à sortir des habitudes d'être toujours à découvert. Nombreux s'en sont servis pour trouver un capital pour se lancer dans les affaires. La connaissance partagée dans ce livre s'est révélée être très efficace dans la vie pratique de beaucoup. Mis à part cet avant-propos que j'ai remplacé à celui de la première édition, un dernier chapitre sur l'intelligence financière africaine et une nouvelle conclusion, le livre garde l'ensemble de son contenu.

Puisse ce livre vous aider à comprendre que nous sommes responsables de notre vie financière, que l'école ne nous a pas tout appris et qu'il y a des choses à changer dans notre culture si nous voulons nous développer comme peuple et continent.

L'histoire de la chèvre de ma mère prouve que notre vie ne dépend pas uniquement des situations malheureuses qui nous arrivent mais surtout de notre capacité à réagir positivement. De même qu'un troupeau de chèvres peut naître d'une seule chèvre, chacun peut relever le défi de devenir riche à partir d'un petit capital si nous apprenons les règles de base la richesse.

Il y a la souffrance que nous nous imposons pour agir de façon à changer notre vie. Il y a aussi la souffrance du regret que nous éprouvons pour avoir négligé d'agir. Il semble que celle du regret est plus troublante et douloureuse.

Franck Nicolas

Introduction

Enseignant aux autres, j'ai fini par beaucoup apprendre sur les raisons pour lesquelles nombreux sont et demeurent pauvres malgré leurs efforts pour sortir de la misère. D'un côté il y a l'illusion d'avoir été formé à l'école sur les finances personnelles et de l'autre le manque de fonds. Beaucoup ont des rêves et des projets valables, mais pas d'argent pour les concrétiser. Évidemment, que pouvez-vous vraiment faire dans ce monde d'aujourd'hui sans un sou en poche ? Cependant, si les fonds sont nécessaires pour la concrétisation de nos projets, que faisons-nous pour les obtenir ? Généralement rien du tout, sinon attendre passivement qu'ils tombent un beau jour de quelque part. Malheureusement, cela n'arrive jamais. D'ailleurs, d'où viendraient-ils ?

J'ai rencontré de jeunes gens de moins de trente ans qui espèrent des fonds pour réaliser leurs beaux rêves. Bon, ils sont encore jeunes. Si, à leur âge, ils ne les trouvent pas, ils se disent que ce sera peut-être le cas à la trentaine. Par un heureux hasard, ils obtiendront l'argent tant espéré !

J'ai également côtoyé des trentenaires qui attendent patiemment des fonds depuis leurs vingt ans. Peut-être se disent-ils « Si nous ne les trouvons pas maintenant, nous les trouverons à la quarantaine ou à la cinquantaine. »

Pourtant, j'ai aussi croisé des individus de quarante et cinquante ans, pauvres et humiliés par leur situation, qui affirment que « s'ils avaient eu des fonds, ils n'en seraient pas arrivés là ». Ils ont attendu ces derniers durant toute leur vie et les attendent encore aujourd'hui ! Qui sait ? Patientent-ils en vain ou obtiendront-ils finalement cet argent lorsqu'ils n'auront plus de force pour entreprendre quoi que ce soit ?

Vraisemblablement, le malheur de nombreux vient du fait qu'ils attendent l'argent à vie. Ils ne comprennent pas qu'avant eux plusieurs ont fait de même et ont achevé leur vie dans la pauvreté.

En Afrique, j'ai rencontré des auditeurs qui affirment attendre des fonds de démarrage provenant de leur famille résidant en Europe. Et en Europe, lors de mes conférences et voyages, j'ai discuté avec des immigrés qui prévoient de rentrer en Afrique une fois l'argent reçu. C'est paradoxal !

Et vous-même, cher lecteur, avez-vous besoin d'un capital pour vous lancer ? L'attendez-vous aussi ? Depuis combien de temps ? Un, cinq, dix, quinze ans ? Patienterez-vous encore pendant combien de temps ? De qui espérez-vous l'obtenir ?

Quant à moi, je fus l'une de ces personnes qui attendirent longtemps l'arrivée des fonds pour se lancer dans la vie. J'avais frappé à toutes les portes (celles de ma famille, des connaissances, des organismes, des banques et des structures gouvernementales), mais sans succès. À mes vingt-huit ans, ils n'étaient toujours pas dans mes poches.

C'est alors que je me fis cette réfléxion: "comment devenir en partant de rien?" Ce questionnement m'obligea à découvrir ce qui a permis à certaines personnes de devenir riches à partir de rien. Car losqu'il est question de devenir riche, certains principes sont incontournables. L'un des principes capital est celui que je traite dans ce livre intitulé *La chèvre de ma mère*. Il consiste à construire son capital avec les moyens du bord dont on dispose plutôt que de l'attendre indéfiniment. Incrédule au départ, je me demandais : « Comment se construire un patrimoine avec un revenu aussi faible qui est le mien ? J'arrive à peine à joindre les deux bouts. » En effet, à cette époque, je gagnais environ 15 $ par mois.

Après un moment d'hésitation, repensant à l'histoire de la chèvre de ma mère, je me résolus aussitôt à appliquer ledit principe. Après un début difficile, je finis par construire petit à petit un capital. Et quelques années plus tard, à mes trente-cinq ans, j'avais déjà un patrimoine de plus d'un million de dollars américains. Pendant ce temps, beaucoup d'amis et aînés continuaient à attendre des fonds malgré les années passant.

La Bible ne dit-elle pas « À celui qui a, on ajoutera, à celui qui n'a pas, on retranchera le peu qu'il devrait avoir » ? D'où, si vous n'avez rien, il y a beaucoup de chance qu'aucune banque ne vous fournisse les fonds que vous espérez. Mettez-vous à construire votre pécule; plus vous aurez d'argent, et plus vous aurez la chance d'en obtenir.

Ce livre, essentiellement basé sur mon expérience personnelle de la prospérité et sur celles de plusieurs individus dont j'ai étudié le succès financier, va vous révéler le principe qui m'a permis de partir de strictement rien et de faire fortune. Son but est d'aider ceux qui désirent réussir leurs vies financières, en partant du néant. Grâce à des exemples et des illustrations diverses, ils pourront acquérir une connaissance pratique sur la nature du principe, la meilleure façon de l'appliquer, les difficultés qui peuvent surgir et sur les stratégies pour les surmonter, jusqu'à générer d'heureux résultats concrets : la richesse financière. Il enseigne non seulement la manière d'obtenir l'argent, mais surtout de le garder et de le faire fructifier.

Comme vous le découvrirez, grâce au principe appris de la chèvre de ma mère, j'ai pu transformer ma vie de pauvre misérable en celle d'un millionnaire, et ce en moins de sept ans. Et comme la façon la plus rapide et la plus universelle pour réussir consiste à apprendre auprès de ceux qui ont réussi, vous trouverez ici le point de départ vers votre propre richesse.

Enfin, je vous prie, à votre tour, de bien vouloir raconter cette histoire simple de la chèvre de ma mère à vos amis, parents, employés et membres de votre église ou de votre communauté, car je suis convaincu que tout le monde peut changer sa vie en connaissant et en appliquant cette loi. Le plus grand bien que je peux faire aux autres n'est pas de leur distribuer ma fortune, mais de leur faire partager ce moyen simple qui leur permettra de ne plus manquer d'argent comme le dit l'adage chinois: "mieux vaut apprendre à quelqu'un à pêcher plutôt qu'à lui donner du poisson". Quand vous aurez fini la lecture de ce livre, revenez sur cette page pour répondre à ces questions:

- *Pouvez-vous aussi devenir riche ?*

- *Quel est le secret ?*

- *Avez-vous compris le chemin qui mène vers la richesse ?*

- *Êtes-vous prêt à appliquer ces principes ?*

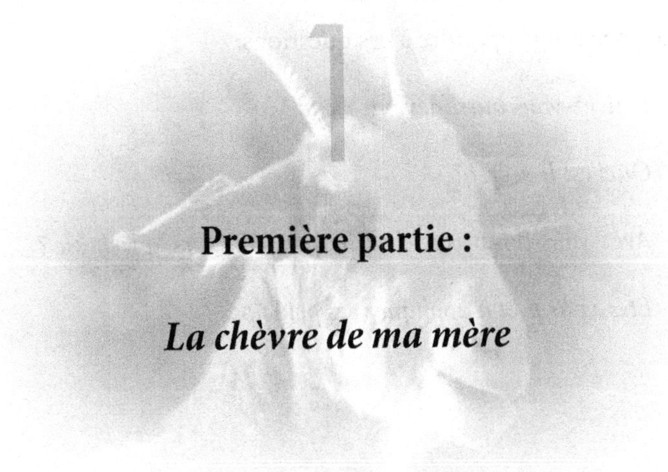

1

Première partie :

La chèvre de ma mère

1. Voici l'histoire de la chèvre de ma mère

Mon père biologique était un homme très entreprenant. Lorsque je suis né, en 1979, il disposait d'une grande ferme contenant des plantations de café, des troupeaux de bœufs, des chèvres, des moutons et des volailles. Il était sans doute l'un des plus riches du village et de la contrée. Nous mangions de la viande à volonté et notre vie était agréable.

Mais, un beau jour, alors qu'il était à peine dans la quarantaine et moi six ans, il tomba malade. Son état de santé se détériora très vite et il décéda. Ce fut un certain Jeudi saint de 1986. Il fut enterré le Vendredi saint au soir, le village n'ayant pas de morgue pour garder le corps. Notre peine s'associa à celle de Jésus sur la croix.

Notre vie bascula en une fraction de seconde juste après son enterrement. Car, selon la coutume en vigueur dans notre village perdu d'Afrique, les biens d'un homme n'appartiennent pas à ses enfants, mais à sa famille, et donc à son clan. Mes cousins paternels étaient dès lors des héritiers légitimes des avoirs de mon père, leur oncle. Ce système se nomme le matriarcat. Il est en vigueur dans certains coins du continent africain. Il s'agit vraisemblablement de la forme la plus primitive de l'organisation sociale. Mais, hélas ! la tradition étant sacrée, qui pourrait la remettre en cause ? Surtout pas ma mère qui avait grandi dedans !

Nous devions donc quitter la maison paternelle et laisser tous les biens, y compris nos lits en bois et nos gobelets en plastique. Cependant, en signe de reconnaissance et par pitié pour nous, on offrit généreusement à ma maman et à la co-épouse de son mari (mon défunt père étant polygame) une chèvre à chacune.

C'est de ce drame familial que naquit cette fameuse histoire de la chèvre de ma mère qui me conduisit à construire mon propre capital à partir de petites économies. Mes auditeurs aiment souvent que je la leur raconte dans mes conférences. Par la suite, ils m'ont vivement encouragé à l'écrire sous forme de livre ; c'est ce que j'ai fait, afin d'aider tous ceux qui cherchent à se lancer dans la vie sans argent et qui n'ont pas l'occasion d'assister à mes conférences. Selon eux, cette analogie avec la chèvre de ma mère permet de mieux comprendre le secret grâce auquel je suis parti de strictement rien et de bâtir une grande affaire me rendant millionnaire en sept ans seulement.

Nous nous mîmes alors en route vers le village de ma mère, située à quelque dix kilomètres de la ferme, laissant derrière nous cette dernière avec ses plantations vertes de café, ses troupeaux et ses volailles. Ma mère rentrait ainsi au bercail avec ses cinq enfants et une chèvre après avoir été mariée durant un quart de siècle avec mon père qui nous avait laissés seuls face à une tradition impitoyable.

Notre chèvre, attachée à une corde, marchait devant nous sous la direction d'un frère aîné du nom de Patrice. Une chèvre, oui, cette chèvre ! C'était notre seul héritage, notre seule richesse. Notre vie en dépendait. Mais, en tant qu'enfants, nous étions trop jeunes pour comprendre pleinement la situation dans laquelle nous nous trouvions à ce moment-là. Mais, route faisant vers le village de ma maman, les larmes incessantes qui coulaient continuellement sur ses joues nous laissaient entendre que ce voyage n'était pas une randonnée touristique...

2. Pourquoi la chèvre ne devrait-elle pas être tuée ?

Arrivés au village, nous dûmes faire face aussitôt à une vie très difficile sur tous les plans. Les habitudes, spécialement alimentaires, n'étaient plus les mêmes. Oui, la vie peut vraiment basculer, croyez-moi ! Nous refusions ce nouveau régime alimentaire basé essentiellement sur des feuilles de manioc, de patates douces ou de courges, préférant notre viande habituelle. Dès lors, nous demandions quotidiennement et avec insistance à maman de tuer la chèvre pour la manger.

Notre mère souffrait terriblement de cette situation. Et pourtant, malgré ce fait et nos incessantes supplications, elle refusait de commettre cet acte. Nous étions déçus de son comportement et la considérions comme méchante.

Un beau soir du mois de mai 1986, elle nous réunit autour du feu de bois et nous expliqua sa décision, les larmes aux yeux: « Je fais cela pour votre bien, car si nous ne mangeons pas cette chèvre immédiatement, nous pouvons espérer sortir de la situation actuelle. Mais si, par contre, nous la mangeons aussitôt, après cela nous ne pourrons plus jamais nous en sortir. Comme je n'aurai plus de quoi subvenir à vos besoins, en conséquence, vous allez mourrir l'un après l'autre. » Sur quoi les aînés se mirent à pleurer, car ils avaient enfin pris conscience de la gravité de notre situation.

Plus tard, j'appris que, dans la seconde situation, j'aurais été le premier à mourir, étant le plus jeune et donc le plus fragile. Effrayés à l'idée que nous risquions notre vie, ils demandèrent à ma mère de ne pas la tuer, Dieu merci ! On lui donna alors le nom de *Mussoluoni* (« Source de la vie »). En évoquant ce souvenir, l'émotion me gagne.

Mussoluoni, cette seule chèvre de laquelle dépendait toute notre vie, mangeait dans nos mains. Elle passait ses soirées accroupie, à côté de nous, autour du feu, au lieu d'être avec les autres chèvres du village, sentait l'affection et l'attention que toute la famille lui portait. La nuit, elle dormait à la porte de notre case en paille. Elle savait combien d'elle dépendait nos vies.

3. Enfin, le miracle s'accomplit très vite

Mussoluoni, l'unique chèvre de laquelle dépendait tout notre avenir, commença à prendre du poids. Et un beau matin, à la grande surprise de toute la famille, le miracle surgit : elle donna naissance à une petite jolie chèvre. Vous ne pouvez imaginer notre joie et notre excitation. Nous avions à présent deux chèvres. Puis, quelques mois après, *Mussoluoni* mit encore bat, cette fois-ci de jumelles.

Les chèvres ne sont pas comme des vaches qui attendent plusieurs années pour se multiplier ! La scène se répéta régulièrement. L'animal était décidé à nous sauver. Elle engendrait des jumeaux ou des triplés. Ses petits, à leur tour, procréèrent par une combinaison incroyable.

Quelques années plus tard, la famille possédait un troupeau de chèvres et de boucs qui nous servait pour tous nos besoins, tant en termes de scolarité que d'alimentation. Nous avions retrouvé notre situation d'avant la mort de notre père.

4. L'avenir sacrifié

Vous savez désormais ce qui s'est passé avec la chèvre de ma mère. D'elle est né un grand troupeau. Mais qu'en était-il de celle de ma belle-mère ? Elle aussi s'était rendue au village de ses oncles avec nos « demi-frères orphelins » et leur chèvre pour mener une vie de souffrance. Confrontée à des difficultés d'alimentation et à d'autres besoins urgents, elle se résolut à tuer et à manger son animal sans trop attendre.

Sa chèvre fut donc sacrifiée avant d'avoir une descendance, tout cela pour une satisfaction immédiate. Nous apprîmes la nouvelle un beau jour lorsqu'elle nous rendit visite au village de ma mère.

Entre parenthèses, je tiens à vous préciser que ces deux femmes étaient en réalité des rivales, comme l'on dit aujourd'hui, même si nous pensions qu'elles étaient des sœurs (l'aînée et la cadette) d'une même famille tellement elles paraissaient s'entendre merveilleusement bien. Je me demandais comment mon père avait réussi un tel exploit.

Notre belle-mère nous avoua qu'elle n'en pouvait plus de voir pleurer ses enfants qui réclamaient de la viande. Elle était très étonnée lorsqu'elle constata que nous possédions un grand troupeau de chèvres. Elle prit conscience qu'en sacrifiant son animal elle avait ainsi choisi la satisfaction immédiate aux dépens d'un avenir heureux.

5. De nouveaux maîtres et l'extermination des chèvres

Alors que de *Mussoluoni* naquit un grand troupeau, qu'en était-il des nombreuses chèvres de nos cousins ? Le troupeau avait-il doublé ou triplé ? Rien du tout ! Ces derniers les avaient exterminées, tout comme leurs bœufs, les moutons et leur volaille, dans un espace de temps relativement court. Que voulez-vous ? Il est difficile, dit-on, de bien administrer les biens non acquis par ses propres efforts.

Ce fut le cas pour nos cousins qui se retrouvèrent, du jour au lendemain, maîtres de l'héritage de leur oncle, mon père. Contrairement à ce dernier qui était éleveur, eux étaient fils biologiques de chasseurs. Dès lors, ils tuèrent le bétail de leur défunt oncle comme leurs pères abattaient les antilopes dans la forêt.

Par cette pratique, ils vidèrent toute la ferme de ses troupeaux. Un jour, alors que j'avais dix ans, ma mère, mes frères et moi visitâmes l'exploitation. Il n'y avait plus aucune chèvre ni aucun mouton. Nous fûmes très étonnés.

Et comme j'étais encore trop jeune pour savoir me taire, je demandai au responsable la raison de l'absence des animaux.

Un peu embêté, il me répondit les avoir éliminés au profit des champs de manioc. Je savais que cette raison n'était pas la bonne, le travail dans les champs de manioc étant réservé aux plus démunis du village qui ne pouvaient s'acheter les chèvres.

Mais ayant exterminé le bétail, il n'avait plus de choix que de survivre avec le champ. Cette situation rappelle Adam et Ève; après avoir péché, ils perdirent la gloire et furent forcés de faire le champ.

Ceux qui héritent de richesses sont souvent pressés de les dépenser. Ils pensent à tort, comme le bonhomme Richard de Benjamin Franklin : « Que ferait une si petite dépense devant cette grande fortune? Mais à force de puiser l'eau du puits sans rien y mettre, on finira par voir le fond. Quand le puits est vide, c'est alors que l'on connaît le prix de l'eau ». C'est ce qui se passa avec nos cousins.

Ainsi finit l'histoire de la chèvre de ma mère. D'elle naquit un grand troupeau. Celle de notre belle-mère fut dévorée sans descendance. Quant aux troupeaux de mes cousins, ils furent exterminés pour satisfaire leurs besoins immédiats.

6. Pourquoi ai-je écrit La chèvre de ma mère ?

Ma maman n'a jamais fréquenté l'école, même pas le niveau primaire. En ce XXIe siècle, elle ne sait malheureusement pas lire l'heure. Pourtant, j'ai appris d'elle une grande leçon sur la richesse et l'enrichissement, qui me permit de partir de strictement rien et de devenir un grand homme d'affaires. Ma réussite est l'un des sujets principaux de mes conférences, coachings, cours ou séminaires sur le succès financier personnel.

Lorsque je parcours le monde pour donner mes enseignements, je constate que les gens sont d'abord sceptiques. Victimes d'une idéologie coloniale selon laquelle il n'est pas bon de vouloir devenir riche, nombreux ne peuvent plus se libérer de cette croyance. Pour eux, avoir beaucoup d'argent, c'est un péché. Mais, après mes interventions, nombreux sont ceux qui finissent par comprendre qu'il n'y a pas de mal à vouloir avoir plus.

Alors renaissent en eux le désir de réussir et un intérêt pour le succès financier. C'est alors qu'ils me demandent s'ils peuvent, eux aussi, au vu de leurs circonstances difficiles, espérer réussir comme moi. Ce à quoi j'ai toujours répondu énergiquement : « Oui ! » Selon moi, il est possible et restera toujours possible pour quiconque voudrait réussir à faire non seulement comme moi, mais aussi voir plus, s'il applique les principes que j'avais moi-même aussi appliqués pour résoudre mon problème.

Ils se demandent presque toujours comment ils peuvent y parvenir alors qu'ils n'ont pas de fonds pour commencer. Plusieurs ont des idées géniales, mais pas d'argent. Je leur raconte alors l'histoire de la chèvre de ma mère.

Une analogie qui prouve que la réussite reste envisageable et accessible. Dieu merci ! car partant de cette histoire, nombreux avouent parvenir à une bonne compréhension du principe de la création des richesses et finissent par se convaincre qu'ils peuvent eux aussi prendre leurs avenirs en main.

De même, vous, lecteur de cet ouvrage, s'il y a, en votre for intérieur, un réel désir de réussir et si le manque de fonds vous freine, cette expérience peut vous aider, premièrement, à comprendre la loi à laquelle obéit inconditionnellement la richesse et, deuxièmement, à en faire la meilleure application possible afin de transformer votre avenir financier.

La simplicité de l'histoire de la chèvre de ma mère devrait vous convaincre que vous pouvez vous aussi devenir riche, quelle que soit votre situation actuelle. En effet, cette sagesse simple contient un secret puissant qui peut transformer le destin de ceux qui la comprennent et l'appliquent. Il est ce principe de base par lequel toutes les grandes fortunes auprès desquels recourent nos gouvernements avaient étés construites avant le 18ème siècle.

7. L'expérience de mon échec : un diplôme pour rien

Je suis d'une génération qui a grandi avec l'illusion selon laquelle à l'école on nous apprenait comment réussir financièrement.. Nos parents ne nous apprenait que cela : « Vas à l'école si tu veux devenir quelqu'un », « Si tu obtiens un bon diplôme, tu auras tu gagneras bien ta vie ». D'ailleurs, la majorité de nos revenus provenant des chèvres fut investie dans mes études.

Je fus le premier de toute la famille à fréquenter l'université. Mes études achevées, j'etais convaincu que j'étais bien formé pour travailler et devenir riche. Mais je fus confronté à un problème de taille : je ne trouvais aucun emploi valable avec mon diplôme de philosophie. Trois ans après mes études, je travaillais dur, car je voulais réussir, mais ne gagnais mensuellement que l'équivalent de 15 $.

Le temps avait changé, nous étions en période de chômage. Le seul fait d'être titulaire d'un diplôme n'ouvrait plus automatiquement les portes aux bons emplois. Pour la première fois dans l'histoire de nos jeunes nations, on dénombrait plus de diplômés que d'emplois disponibles. S'il y avait des chômeurs parmi les juristes, les ingénieurs et les économistes, nous autres, philosophes, n'avions rien à espérer… C'était une branche qui ne payait pas. Je l'avais suivie faute de mieux, car c'était la faveur que les missionnaires me faisaient 'dans l'espoir que je pouvais devenir prêtre.

À vingt-huit ans, je pris conscience que mon rêve de réussite ne se réaliserait peut-être jamais, d'autant plus que le diplôme universitaire pour lequel j'avais consacré toute ma jeunesse n'était plus la garantie d'un succès. C'était un papier sans valeur. Je craignais d'entrer dans la trentaine sans avoir fondé une famille et sans être capable de me prendre en charge ainsi que ma maman qui m'avait élevé grâce à sa chèvre. J'étais terrifié et préoccupé.

Voulant absolument réussir, je tentai de toutes mes forces de trouver un travail, mais en vain. Puis, je cherchai une bourse pour sortir du pays et parfaire mes études, espérant ainsi qu'un diplôme m'aiderait à réussir. Mais les portes des bourses étaient hermétiquement fermées. J'élaborai plusieurs projets intéressants et me mis à la quête d'un financement. Là aussi, sans résultat.

Après plusieurs vaines tentatives pour gagner davantage, ma situation devenait de plus en plus précaire. Je pense que vous êtes déjà passé par ce moment où la vie parait sans issue.

Je ne voyais vraiment pas gagner ma vie sans un bon emploi.

C'est alors que je réfléchis pour la première fois en ces termes : comment ma mère qui n'avait pas été à l'école avait-elle réussi de nous élever tant bien que mal, mais moi malgré mon diplôme je ne suis même pas à mesure de me prendre en charge? Lorsqu'on est issu d'une famille pauvre, peut-on espérer réussir malgré tout? Comment trouver des fonds de départ pour se lancer dans une affaire? À ces questions, toutes les leçons apprises à l'école semblaient inefficaces. Vous ne me croyez peut-être pas maintenant, mais, un jour, vous me donnerez raison : l'école peut tout apprendre, sauf comment remplir ses poches.

Même si nous voyons aujourd'hui en Afrique que des millions de gens qui sont sortis de l'école conventionnelles ne sortent pas de la pauvreté, personne n'a le courage de remettre une certaine conception en cause. Réussir financièrement semble être le plus grand défi de la majorité des africains même parmi les plus diplômés. Même si certains inconscients continuent à répéter machinalement que l'argent est la source de tous les maux. Je pense que c'est le contraire. C'est la pauvreté qui est la source de beaucoup de difficultés. Et notre continent en est la preuve!

Ne trouvant aucune réponse satisfaisante à mes questions, je me posai une autre interrogation : comment ma mère, illettrée, est-elle parvenue à nous élever, alors que moi, avec un important diplôme, je n'arrive à rien du tout ?

8. Le secret de ma mère

Une question bien posée peut contenir une bonne partie de la réponse. C'est grâce à la réflexion suscitée par ce questionnement qu'un jour je parvins à établir le parallélisme entre la chèvre de ma mère au village et les billets de banque en ville. Je finis par comprendre que ces derniers n'étaient qu'une représentation de nos chèvres au village. La chèvre était le capital, la richesse, l'argent de ma mère.

Dans la ville où je vivais, une chèvre coûtait 50 $. Je résolus de ne plus suivre la voie classique vers la réussite qui consistait à chercher indéfiniment un travail qu'on ne trouvait jamais ou à attendre désespérément un crédit pour un capital de départ dans les affaires, alors qu'une banque digne de ce nom n'en octroyait pas à ceux qui commençaient. Je tiens à rappeler que dans beaucoup de pays d'Afrique comme là où j'ai vécu, la banque ne peut vous octroyer un crédit que si vous arrivez à présenter des garanties en immobiliers équivalents au montant que vous sollicitez. N'est-ce pas une manière de condamner le pauvre à jamais à la pauvreté? Comment quelqu'un qui ne gagne même pas de quoi construire une maison peut-il présenter la garantie d'une maison? C'est bien cela le paradoxe.

9. Comment cette histoire a changé ma vie

Par analogie à la chèvre de ma mère, je compris que chaque fois que j'avais un billet de 50 $, je possédais moi aussi une chèvre. De même, lorsque je dépensais une telle somme pour une satisfaction immédiate, cela équivalait à tuer la bête et à mettre fin à toute la descendance qu'elle pouvait m'offrir à long terme, comme l'avait fait ma belle-mère. Je compris que, comme avec ma mère, je devrais garder le billet de 50 $ et le faire fructifier. Mais le problème, c'est que je ne le possédais pas.

Je me fixai l'objectif d'atteindre d'abord 50 $, l'équivalent d'une chèvre. Mais, avec mon revenu mensuel de 15 $, je ne pouvais, malgré mes sacrifices, économiser plus que 10 $ par mois. Il me fallait donc attendre cinq longs mois pour réunir cette somme.

À cette époque, je fis des recherches approfondies sur les lois de la richesse financière et de l'enrichissement. Je ne découvris rien d'autre que cette loi de l'épargne : « Épargner au moins 1/10e de tout ce que l'on gagne pour parvenir à l'autonomie financière. »

Bien que ne croyant pas trop à ce principe, je pris la résolution de l'expérimenter. Heureusement pour moi, le miracle s'accomplit en moins de trois mois. Avec un ami, j'aidai un aîné à faire ses courses ; pour nous remercier, il nous gratifia chacun de 30 $. Ce soir-là, je me retrouvai avec 50 $, soit l'équivalent de la chèvre de ma mère.

J'étais très content, revivant en quelque sorte cette histoire d'enfance. Mon collègue agit exactement comme ma belle-mère, c'est-à-dire qu'il dépensa l'argent, achetant des habits pour assister à une fête de fin de semaine. Quant à moi, j'imitai ma mère, prenant la décision de ne pas tuer la seule chèvre que j'avais dans l'espoir qu'elle procrée.

En vérité devenir riche n'a pas uniquement à voir avec la quantité d'argent qu'on gagne, mais surtout avec ce qu'on fait avec son argent gagné! Dans notre façon d'utiliser l'argent, nous ressemblons toujours à l'une de ces trois catégories des gens:

Ma Belle-mère: représente toutes ces personnes qui gagnent de faibles revenus et qui malheureusement les utilisent uniquement pour les dépenses de consommation et trouvent que ce qu'ils gagnent est tellement insuffisant qu'il n'eest pas question d'économiser! Ce sont ceux qui tuent leur seule chèvre, ils sont condamnés à rester pauvres pour le reste de la vie.

Les cousins: représentent ceux de la classe moyenne. Ceux qui gagnent des revenus élévés mais qui ont un standing de vie tellement élevé au point qu'ils gaspillent touts leurs revenus dans la consommation: voyages, voitures, habits... Ce sont ceux qui tuent leur troupeau de chèvres et n'économisent rien.

Ma mère: représente ces personnes qui parfois gagnent de très faibles revenus mais qui, dans leur sagesse, font le sacrifice d'économiser une partie de ces revenus dans l'objectif de constituer un capital d'investissement. Elles connaissent la loi de la prospérité financière: "un troupeau peut naître d'une seule chèvre ."

10. L'argent peut-il se multiplier ?

Le problème qui se posait était de savoir comment faire fructifier les 50 $. La chèvre enfantait naturellement; on ne pouvait que la nourrir et attendre le miracle de la vie. Le billet de 50 $, qui équivalait à la chèvre, ne pouvait pas se multiplier soi-même. Alors, je lis la suite de la loi de la prospérité financière après l'économie : parvenir à bien investir ses économies afin de générer des intérêts. Je me fixai alors l'objectif d'atteindre 400 $, soit l'équivalent d'un troupeau de huit chèvres.

J'avais prévu de rendre toute sorte de petits services pour gagner cet argent. Malgré quelques difficultés au début, je finis, à force de travail et d'économies, à réunir les 400 $, et ce en moins de temps que prévu.

J'avais ainsi compris l'autre principe du succès, avoir des objectifs élevés et des plans pour les atteindre. Je voulais doubler mes fonds, mais ayant saisi que l'objectif devait être conséquent, je me fixai comme but de rassembler 3 500 $ en une année. Comme j'étais déjà bien rodé en matière d'économies et de débrouillardises, je parvins à cet objectif avant douze mois.

Cette somme, j'aurais pu l'utiliser pour meubler ma maison, me payer une voiture, ou bien des vêtements. Mais, étant donné qu'elle représentait le troupeau des chèvres de ma mère, je ne voulais pas la dépenser. Je déménageai dans une autre ville. Le coût de la vie étant de loin plus élevé, une chèvre valait 100 $ au lieu de 50 $.

J'en conclus que mon capital équivalait à 35 chèvres. Je ne pouvais donc pas me sentir pauvre. C'est ainsi que j'ai commencé dans les affaires. Dans les pages qui suivent, je vais vous faire part de ces principes qui m'ont permis de passer de 15 $ à 50 $, de 50 $ à 400 $, de 400 $ à 3 500 $, puis de 3 500 $ aux millions !

Si vous pouvez donc espérer obtenir un billet de 50 $ ou de 100 $ selon le prix de la chèvre dans votre milieu de vie, alors vous avez la chance vous aussi de vous enrichir comme moi ; à condition de respecter le principe de l'épargne et de suivre les astuces et stratégies que j'expose dans ce livre. En résumé, la prospérité répond à une loi naturelle, celle de l'épargne et de l'investissement.

De même qu'un troupeau de chèvres naquit d'une seule chèvre bien gardée, vous pouvez aussi devenir riche progressivement si vous économisez et investissez une partie de votre présent revenu. Cela est une responsabilité personnelle. N'attendez ni le gouvernement ni personne d'autres pour le faire à votre place. Un avenir riche se créee par l'application de la sagesse financière.

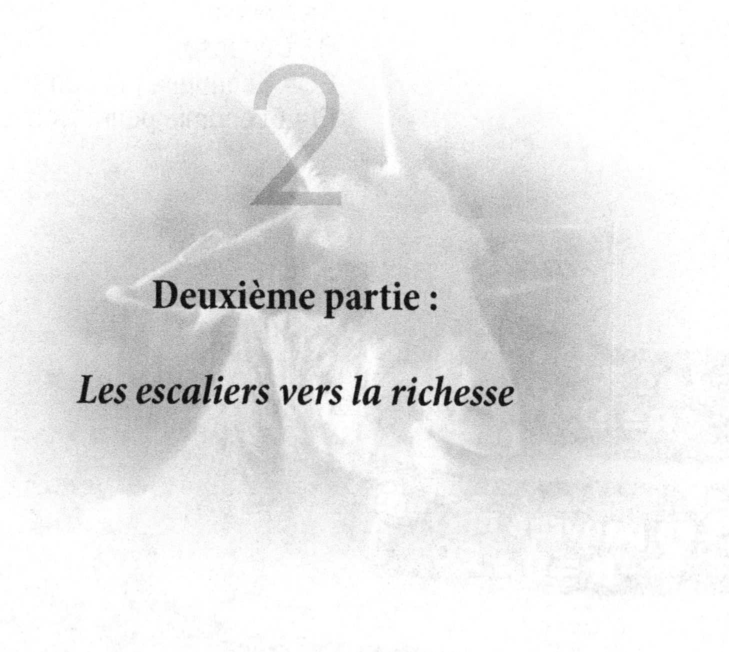

2

Deuxième partie :

Les escaliers vers la richesse

LES ESCALIERS VERS LA RICHESSE

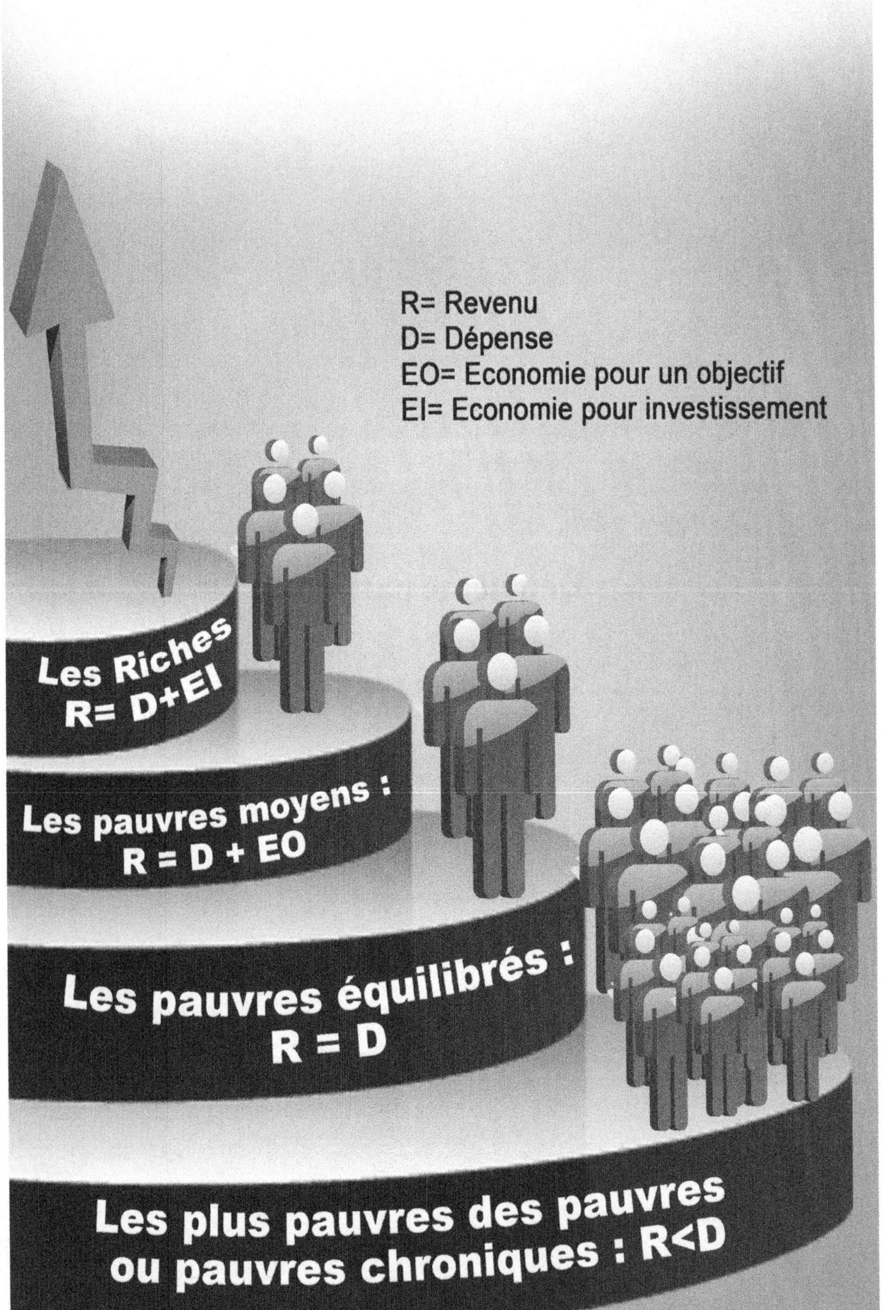

Voir les choses avec les yeux de la réalité

Êtes-vous dans la campagne ou en ville ? Qu'importe ! J'aimerais vous parler d'un fait pathétique. Je suis né dans un village perdu d'Afrique où j'ai passé ma jeunesse avant d'arriver un jour en ville. Au village, tout ne se paie pas avec l'argent.

L'eau est puisée directement à la source et la nourriture vient essentiellement de la forêt ou de la terre. Le logement est construit avec des matériaux gracieusement coupés dans les forêts. On se déplace généralement à pied.

Néanmoins, on achète certains articles comme des vêtements, des allumettes, des bougies, des médicaments…

Quand j'étais au village, je pensais qu'en ville les choses étaient différentes, que tout était disponible et gratuit, que l'argent tombait des arbres, que les pains étaient distribués par le gouvernement… Mais, une fois sur place, je fus surpris de constater que mes idées étaient bien loin de la réalité. En ville, la situation est bien pire ; on paie presque tout, même l'eau pour boire ou se laver.

Quand les parents rentraient de leur travail, ils rapportaient à leurs enfants du pain, du lait, du sucre…

L'eau et le courant étaient sans cesse disponibles. Les enfants de mon âge nés en ville semblaient ne pas se préoccuper de la source de leur argent. Je me dis qu'il existait certainement quelque part un arbre d'où tombaient des billets de banque. C'est alors que je me mis à sa recherche. Mais, hélas ! sans succès.

Par ailleurs, je constatai que, contrairement au village où tout le monde avait presque le même niveau de vie, en ville, certains étaient des riches et d'autres pauvres, voire très pauvres. Les différences sociales étaient très importantes et visibles.

Cependant, riches ou pauvres, jeunes ou vieux, tous dépensent toujours d'une manière ou d'une autre pour vivre. Certains sont nés pauvres, vivent pauvres et meurent pauvres. D'autres sont nés riches, vivent riches et meurent riches. D'autres encore sont nés riches, puis sont devenus pauvres. D'autres, enfin, sont nés pauvres, puis sont devenus riches.

Dans ce livre, nous évoquons cette dernière possibilité. Comment, en étant pauvre aujourd'hui, devenir riche demain ? Cela est très simple, dès lors que vous comprenez ces différents niveaux de vie, et ce qu'il faut faire pour passer de l'un à l'autre.

Pour mieux comprendre cette section, je vous invite à rentrer régulièrement à la page précédente pour bien observer l'illustration des escaliers de la pauvreté vers la richesse. L'objectif de ce livre est de vous faire prendre conscience de l'existence de ces différences entre riches et pauvres et surtout vous aider à gravir les marches vers la richesse financière.

1. Qu'est-ce qu'un pauvre ?

Dans la vie existent deux catégories d'hommes : les pauvres ou les esclaves et les riches ou les maîtres. Soit vous êtes dominé par l'argent, soit vous dominez ce dernier. Prenez-en conscience.

Le pauvre est donc celui qui est dominé par l'argent. Ce dernier est son maître. Dans ce cas, il travaille dur pour lui. Mais il n'en a jamais assez pour subvenir à ses besoins. Quels que soient leur race, leur âge ou leur pays de résidence, tous les pauvres ont un point en commun : ils sont soumis à l'argent et ils ont certaines habitudes.

Le riche, quant à lui, est celui qui domine l'argent. Qu'il travaille ou non, il a toujours suffisamment d'argent pour vivre. Il n'est donc pas obligé d'avoir un job classique. Généralement, c'est l'argent qui travaille pour lui. Les riches sont les maîtres de l'argent. Et cela grâce à certaines habitudes incontournables.

Selon que vous avez des habitudes financières appropriées ou pas, vous serez riches ou pauvres. La pauvreté et la richesse sont deux notions relatives qui n'ont pas uniquement à voir avec la quantité d'argent mais avec certaines habitudes financières. Être pauvre aujourd'hui ne signifie pas que l'on va le rester jusqu'à sa mort. De même qu'un esclave peut acheter sa liberté, vivre d'une certaine manière peut conduire à la richesse financière.

a. Première catégorie : les pauvres chroniques

Ceux qui dépensent plus que ce qu'ils gagnent. C'est la catégorie des plus pauvres, des malheureux ou des maudits, le degré le plus élevé de l'esclavagisme à l'argent. Ce dernier contrôle totalement l'individu. Sur l'image, ce sont ceux qui sont en bas de l'échelle.

Formule

Revenus < Dépenses Conséquence: Dettes, crédits, mendicité, vol, escroquerie, dépendance...
Dans cette catégorie se trouvent les enfants et tous les adultes qui dépensent plus que ce qu'ils produisent.

Exemple

Vos revenus mensuels atteignent 1 000 $ et vous êtes contraints de dépenser au-delà de cette somme dans le mois : vous vous situez dans la catégorie des pauvres.

Habitude financière

Ces personnes ont l'habitude de dépenser plus que ce qu'elles gagnent. Elles ont recours à des prêts, à des avances sur salaire, à des crédits ou à la mendicité. Certaines iront même jusqu'à tromper, voler ou escroquer pour tenter d'avoir plus et satisfaire leurs besoins de consommation.

Vérité à savoir

Tant que vous avez tendance et l'habitude de dépenser plus que ce que vous gagnez, vous êtes et resterez esclave de l'argent qu'importe votre revenu. Pour renverser cette situation, il vous faut décider de changer cette mauvaise mentalité et habitude.

Décision à prendre

Pour gravir les escaliers vers le succès financier, pour passer de cette étape à la suivante, il faut qu'un jour vous preniez la décision courageuse de ne plus jamais dépenser plus que ce que vous gagnez, quelles que soient les pressions que vous subissez !

Sujet à réflexion

Imaginez que vous n'êtes plus un enfant, que vous avez plus de dix-huit ans. Si vous pensez logique de dépenser plus que ce que vous gagnez, alors dites-moi qui doit vous fournir le surplus qu'il vous manque ! Et si quelqu'un vous le donne aujourd'hui, continuera-t-il à le faire jusqu'à votre vieillesse ?

Un proverbe africain dit : « Le coq est sage parce qu'il ne tente jamais d'avaler une nourriture plus grosse que son gosier. »

Le coq n'est pas plus sage que vous, n'est-ce pas ? Alors, faites comme lui, ne dépensez jamais plus que ce que vous possédez. Car, c'est par cette mauvaise habitude de vouloir dépenser plus que ce qu'on gagne que des millions de personnes sont cloués à la pauvreté.

Conséquence à moyen et long termes

Quel que soit le niveau actuel de cette catégorie, ceux qui agissent ainsi finissent par devenir de plus en plus pauvres. Quand bien même leurs revenus augmentent, leurs dépenses s'accroissent aussi et restent toujours plus importantes que leurs revenus. Ils n'ont pas de capital et ne font rien pour s'en constituer un. Ils attendent et attendront jusqu'à la mort des fonds pour se lancer un jour. Faites bien votre inventaire. Si vous faites partie de cette catégorie, il est temps de décider de quitter ce style de vie au risque de compromettre votre avenir.

b. Deuxième catégorie : les pauvres équilibrés

Ceux qui dépensent tout ce qu'ils gagnent. C'est aussi une catégorie de pauvres, de malheureux ou de maudits qui sont contrôlés par l'argent, mais le degré d'esclavagisme ici est moins élevé que le précédent. C'est le deuxième escalier sur nos escaliers vers la richesse

Formule

Revenus = Dépenses immédiates
Conséquence: pas de dettes, pas de crédits, pas d'économie pour l'avenir.
Dans cette catégorie se trouvent des adultes qui dépensent tout ce qu'ils produisent.

Exemple

Reprenons l'exemple plus haut. Vos revenus mensuels atteignent 1 000 $ et vous êtes contraints de dépenser l'intégralité de cette somme dans le mois : vous faites partie de la catégorie des pauvres. Bien qu'à présent vous n'ayez pas de dette, d'avance sur salaire ou de crédit bancaire, vous restez tout de même exposé à en avoir un jour.

Habitude financière

Ceux qui sont dans cette catégorie ont l'habitude de dépenser tout ce qu'ils gagnent. Ils n'ont pas forcément recours à des prêts, à des avances sur salaire, à des crédits ou à la mendicité. Ils se contentent, en général, de ce qu'ils ont. C'est déjà mieux par rapport à la première catégorie. Mais avec une telle mentalité, la personne est condamné à rester dans la pauvreté toute sa vie.

Vérité à savoir

Tant que vous avez la mentalité et l'habitude de dépenser tout ce que vous gagnez, vous êtes et resterez esclave d'argent et il est votre maître. Pour renverser cette situation, il vous faut décider de changer cette mauvaise mentalité ou habitude et de garder une partie de vos revenus pour investir.

Décision à prendre

Pour passer de cette étape à la suivante, il est nécessaire qu'un jour vous preniez la décision courageuse de ne plus jamais dépenser la totalité de vos revenus, quelles que soient les pressions. Gardez au contraire une partie de votre argent pour construir un capital qui sauvera votre avenir de la pauvreté.

Sujet à réflexion

Imaginez que vous n'êtes plus un enfant, que vous avez plus de dix-huit ans. Si vous pensez logique de dépenser tout ce que vous gagnez, qu'arrivera-t-il de vous si vous perdez brusquement votre travail ? Regardez les fourmis ; en été, elles cherchent leur nourriture et en gardent une partie pour l'hiver. Elles ne commettent pas la bêtise de tout manger dès la récolte. Les fourmis ne sont pas plus sages que vous, n'est-ce pas ? Alors, faites comme elles, ne dépensez jamais l'intégralité de ce vous possédez.

Conséquence à moyen et long termes

Quel que soit le niveau actuel de cette catégorie, ceux qui agissent ainsi finissent par devenir de plus en plus pauvres. Quand bien même leurs revenus augmentent, leurs dépenses s'accroissent aussi en proportion égale. Ils n'ont pas non plus de capital et ne font rien pour le construire. Ils attendent et attendront jusqu'à la mort des fonds pour se lancer un jour.

Faites bien votre inventaire. Si vous faites partie de cette catégorie, il est temps de décider de quitter ce style de vie au risque de compromettre votre avenir. Sortir de la pauvreté et devenir riche commence par cette prise de conscience.

c. Troisième catégorie : les pauvres moyens

Ceux qui ne dépensent pas tout ce qu'ils gagnent. Ceux qui épargnent une partie de leurs revenus pour dépenser plus tard. Ils économisent pour un problème spécifique. Ce sont aussi des pauvres, mais ils sont plus avisés que les autres. Leur degré d'esclavagisme à l'argent est moins grave. Celui-ci a moins de pouvoirs sur eux, ils ne les contrôlent que partiellement. C'est le troisième escalier sur notre illustration.

Situation immédiate

Revenus = Dépenses + économie
Conséquence: une réserve d'argent. L'économie pour l'avenir.
Dans cette catégorie se trouvent des adultes qui économisent pour dépenser plus tard.

Situation à moyen et long termes

Revenus = Dépenses
Conséquence : Pas de dette, pas de fond. Plus d'économie pour l'avenir.
Dans cette catégorie se trouvent des adultes qui économisent pour dépenser plus tard.

Exemple

Revenons à notre exemple d'un salaire mensuel de 1 000 $. Si vous décidez d'utiliser la moitié et d'épargner l'autre moitié dans le but de vous payer une voiture, après deux ans d'économie, vous aurez accumulé 12 000 $ et pourrez effectuer cet achat.

Vérité à savoir

Tant que vous économiserez une partie de vos revenus pour acquérir un bien précis, vous obtiendrez ce que vous poursuivez. Toutefois, vous resterez pauvre. Vous serez stable dans la vie, mais vous ne serez pas riche. Si vous voulez devenir riche un jour, il vous faut décider d'économiser non seulement pour une voiture ou une maison, mais avant tout pour vous construire un fonds d'investissement.

Décision à prendre

L'étape suivante, c'est celle des riches. Pour y accéder, il faut qu'un jour vous preniez la décision courageuse de ne pas seulement économiser pour des biens de consommation (voiture, maison, voyage, habits), mais aussi dans l'objectif de construire un fonds d'investissement.

Sujet à réflexion

Une voiture, c'est bien ! Une maison, c'est encore mieux ! Mais c'est toujours la pauvreté. On n'est pas riche, car on a une maison ou une voiture. Les vrais riches sont ceux dont l'argent travaille.

Si vous n'économisez que pour la maison ou la voiture, pensez-vous que ces biens vous rendront riches un jour ? Si vous voulez atteindre le cap des riches, alors le premier pas consiste à épargner dans le but de vous doter d'un fonds d'investissement.

Conséquence à moyen et long termes

Quel que soit le niveau actuel de cette catégorie, ceux qui agissent ainsi finissent par demeurer pauvres à la fin de leur vie. C'est souvent le cas des retraités. Après avoir acheté une voiture et construit une maison, ils n'ont souvent plus beaucoup de moyens pour se prendre en charge durant leur vieillesse. Cette catégorie non plus n'a pas de capital et ne fait rien pour le construire.

Ces individus attendent et attendront indéfiniment jusqu'à la mort des fonds pour se lancer un jour. Faites bien votre inventaire. Si vous faites partie de cette catégorie, il est temps de vous décider à en sortir et de passer à l'étape suivante pour ainsi devenir riches.

Tout celui qui dépense tout son revenu actuel dans la consommation et n'en épargne pas au moins 10% ressemble à celui qui tue sa seule chèvre et par là perd toute possibilité d'en obtenir un troupeau. Voici deux réflexions qui peuvent vous aider :

1. Si vous aviez épargné 10% de tout ce que vous aviez gagné dans les 10 dernières années, n'alliez-vous pas disposer d'un bon capital aujourd'hui?

2. Si vous ne décidez pas de changer aujourd'hui même, aimeriez-vous vous retrouver sans rien dans les 10 prochaines années?

d. Quatrième catégorie : les riches

Les riches sont différents, mais ont des points communs : ils ne dépensent jamais l'intégralité de ce qu'ils gagnent dans les biens ou services de consommation, n'épargnent pas uniquement une partie de leurs revenus pour dépenser plus tard et pas seulement pour un but spécifique, comme payer une voiture ou une maison.

Ils économisent au moins 10 % de leurs revenus pour construire leur fonds d'investissement. C'est ici que commence la catégorie des bénis, des self-made-men (en français, ceux qui s'enrichissent en partant de strictement rien), des riches, des hommes libres qui dominent l'argent. Cette habitude sacrosaint des riches est la base même de la création et de l'augmentation de leurs richesses.

Situation permanente

Revenus= Dépenses + 10% d'épargne d'investissement
Conséquence : on dispose désormais d'un fonds d'investissement.
C'est à partir d'ici que commence la phase de la richesse.

Exemple

Revenons à notre exemple d'un salaire mensuel de 1 000 $. Vous décidez d'utiliser la moitié et d'épargner l'autre moitié dans le but de vous construire un fonds d'investissement (remarquez que la différence entre la troisième et la quatrième catégorie se trouve uniquement dans l'objectif de l'épargne !)

Après deux ans d'économie, vous aurez accumulé 12 000 $, somme que vous investirez dans un commerce qui rapporte des intérêts. C'est cela que l'on appelle être riche. Avoir un fonds qui travaille pour soi.

Vérité à savoir

Vous deviendrez riche le jour où vous économiserez dans l'objectif de vous construire un fonds d'investissement. Les riches sont ceux qui ont des sources qui leur produisent de l'argent, qu'ils travaillent encore ou non. Économiser pour se construire un fonds d'investissement est le premier pas vers la richesse. C'est le plus grand secret pour parvenir à l'indépendance financière.

Décision à prendre

Si vous voulez devenir riche, ou bien si vous l'êtes déjà mais que vous voulez l'être encore plus, commencez à économiser dans le seul but de vous construire un capital d'investissement.

Sujet à réflexion

80 % des millionnaires américains ne sont pas nés riches. Ils le sont devenus. Moi-même je suis parti d'une extrême pauvreté.

Tous les riches, grands ou petits, ont quelque chose en commun : leurs fonds travaillent pour eux. Et ceux-ci doivent se construire avec les moyens à disposition. Avez-vous déjà vu un riche sans deniers ? Pensez-y.

Un fonds d'investissement peut se construire. L'argent appelle l'argent. Les pauvres deviennent plus pauvres, les riches deviennent plus riches simplement par l'application ou non de ce principe. En effet, à celui qui a, on donnera, mais à celui qui n'a pas, on retirera le peu qu'il devrait avoir. C'est une loi immuable qui s'applique dans le domaine financier.

Conséquence à moyen et long termes

Même si les revenus actuels sont faibles par rapport au coût de la vie, ceux qui s'emploient à construire leurs fonds d'investissement en économisant au moins 10 % de leurs revenus finiront par devenir riches. Font partie de cette catégorie ceux que nous admirons. Ils n'avaient pas de fonds, mais, un jour, ils se sont mis à l'œuvre et la nature est venue à leur secours. Un conseil : si vous rêvez de devenir riche un jour, vous devez cultiver l'habitude d'économiser pour un fonds d'investissement et vous en tenir à cette habitude jusqu'à la mort. Devenir riche ne dépend pas de la quantité d'argent que l'on gagne aujourd'hui, mais de la gestion que l'on fait du peu perçu.

Dans toute la suite de ce livre, il sera question de la manière d'économiser pour obtenir sa propre chèvre ou son fonds d'investissement. Puis, nous étudierons comment faire fructifier son capital tout en évitant sa perte. Mais avant cela j'aimerais insister sur l'importance de l'intelligence financière.

Intelligence financière africaine

Aujourd'hui nous avons des individus académiquement bien formés, mais financièrement alphabètes. C'est la raison principale pour laquelle la grande majorité des personnes formées dans nos écoles réussissent professionnellement mais échouent sur le plan des finances personnelles. Leur analphabétisme financier se manifeste souvent par l'incapacité de distinguer un actif d'un passif dans la vie financière personnelle. Et pour rendre cette intelligence financière simple pour les africains, j'aimerais leur en parler en terme des chèvres.

Un actif, c'est la chèvre. C'est une transaction qui garde votre richesse et ou l'augmente avec le temps. Un exemple, c'est lorsque vous épargnez votre argent et l'investissez ou lorsque vous payerz un bien immobilier que vous pouvez revendre un jour plus cher. Dans votre revenu, la chèvre c'est au moins le 10% qui doit être retenu pour l'investissement.

Un passif, c'est un bouc. C'est une transaction qui diminue votre richesse au fil de temps ou qui la tue simplement. C'est moins de 90% de vos revenus qui doivent être destinés à la consommation et satisfaction de vos besoins. J'en parle en détails dans le dernier chapitre.

Lorsque vous dépensez la totalité de votre revenu ou richesse pour la consommation, vous comblez un désir quelconque mais vous tuez votre chèvre (richesse). C'est cette décision qui vous rend pauvre et vous maintient dans la pauvreté.

Le premier exemple, c'est lorsque vous décidez d'acheter une veste qui coûte 1600$ juste pour paraitre plus riche alors que vous n'avez aucune épargne d'investissement.

Pire encore lorsque vous achetez une voiture pour le déplacement personnel. Vous échangez votre richesse contre quelque chose qui va :

1. Perdre de la valeur avec le temps. Si cette voiture vous coûte 10.000$ aujourd'hui, dans les dix prochaines années, elle vaudra moins de 2000$.

2. Engloutir votre richesse avec le temps. En plus du fait que ce bien va se déprécier avec le temps, mais il va toujours puiser dans votre caisse pour vivre avec. Vous devez dépenser pour le carburant, les réparations, les assurances, les taxes... Dès lors, l'achat de cette voiture n'a pas simplement tué votre première chèvre, mais va continuer à tuer toutes les autres chèvres que la vie vous donnera.

L'Africain traditionnel versus l'Africain occidentalisé

Sur le plan des richesses nos ancêtres avaient une sagesse plus efficace que les Africains d'aujourd'hui formés à l'école. Nos ancêtres respectaient rigoureusement les lois et les principes de la création des richesses. Voici ce que j'ai découvert lors mes recherches.

Les ancêtres ne tuaient jamais une chèvre avant de lui donner l'opportunité de procréer. Lorsqu'ils avaient des besoins, ils tuaient ou vendaient des boucs. Le bouc, c'est cette partie de revenu qui doit être destiné à la consommation et la chèvre c'est cette autre partie qui doit être destinée à l'investissement.

Même ceux qui étaient agriculteurs avaient le respect de ces principes. A chaque récolte, une partie était destinée à la vente et à la consommation mais une autre partie était rigoureusement gardée pour servir de semence pour la prochaine saison. Ignorant cette sagesse, nous avons aujourd'hui un continent peuplé par des individus sur-diplômés et avec de grands titres mais souvent surendettés (dettes de consommation). Je trouve que si aujourd'hui nous adoptions la sagesse de la chèvre, nous pourrons renverser la situation actuelle.

Si vous êtes pour le changement, rendez-vous sur mon site ***www.ricardokaniama.com*** pour avoir des conseils gratuits.

3

Troisième partie :

Construire et augmenter son fonds

1. Bien garder votre chèvre pour devenir riche

a. Introduction

Nous allons à présent aborder le premier pas vers la richesse financière. Cette section va vous révéler ce qu'il faut savoir et faire pour concrétiser son désir de réussir sa vie financière et de devenir riche. Sachez que tout le monde peut prospérer et devenir riche, quels que soient son âge, son niveau d'étude ou les circonstances présentes dans sa vie.

Comme vous, je n'avais au début rien d'autre qu'un désir de parvenir à l'autonomie financière. Aucun capital de départ pour commencer, aucune garantie d'une aide étrangère. Mais j'avais découvert un secret, celui connu par tout self-made-man. Ce secret n'est rien d'autre qu'un principe fondamental qui vous amènera loin des difficultés de la pauvreté et vous ouvrira une route royale vers les richesses.

Je ne parle pas ici de choses que l'on m'a relatées, mais d'une expérience vécue. En effet, ce principe fondamental a suffi en lui-même pour transformer, en moins de sept ans, sans recours à un quelconque crédit, emprunt ou autre aide financière extérieure, un petit pauvre que j'étais en un homme d'affaires millionnaire.

Mais avant tout, revenons à l'histoire de la chèvre de ma mère. Vous savez désormais que d'elle naquit un grand troupeau de chèvres alors qu'au départ elle était seule. Quel est donc le principe qu'appliqua ma mère pour se doter de ce grand troupeau de chèvres ? C'est le principe qui est à la base de la création et du maitient de tous les capitaux financiers dont disposent les nations les plus développées et les riches du monde.

C'est aussi le non respect de ce principe qui fait qu'une personne étudie pendant près de 18 ans, travaille pendant 35 ans mais n'arrive pas à sortir du cycle de la pauvreté. L'ignorance de ce principe fait de vous un consommateur appauvrissant c'est-à-dire qui consomme uniquement en enrichissant les autres tout en s'appauvrissant.

C'est à cause de cela qu'aujourd'hui en Afrique, l'enfant d'un grand cadre qui a étudié dans les écoles les plus prestigieuses du pays et parfois même à l'étranger, finit par devenir employé d'un asiatique qui n'est jamais allé aussi loin dans les études mais respecte par culture ce principe.

Je voulais vous signaler que des personnes qui ont eu la chance de lire ce livre avant et qui ont appliqué ce même principe sont aujourd'hui entrain d'expérimenter une nouvelle vie financière. De Luanda à Brazzaville, du Canada en France, des vieux et des jeunes, ce principe a changé des vies.

2. Le premier pas vers la richesse financière : l'économie et l'épargne

En étudiant plus tard ce drame familial de mon enfance, je me souvins d'un grand principe que ma mère m'avait annoncé ce beau soir de mai autour du feu : « Même si nos difficultés sont réelles, cette chèvre ne devrait pas être mangée immédiatement… » Selon elle, il fallait absolument garder l'animal vivant.

En revanche, ma belle-mère choisit un principe de satisfaction immédiate : « Les difficultés sont énormes, mangeons cette seule chèvre. Qu'importe ce qui adviendra après… »

Mes cousins choisirent d'amplifier la décision de notre belle-mère : « Nous devons satisfaire tous nos besoins, tuons les chèvres, il y en a assez. » Ce faisant, ils devinrent plus pauvres.

Garder sa chèvre, comme l'a fait ma mère, ou la tuer, à l'instar de notre belle-mère, est-ce ce qui fait la différence entre une destinée de pauvreté et de prospérité ? Il n'y a pas de miracle. Maman n'a jamais fréquenté les bancs de l'école, mais a compris, grâce à une sagesse pratique, l'un des plus grands secrets de la prospérité et de la richesse.

Mon parcours vers la richesse commença le jour où j'adoptai le principe de ma mère : Garder d'abord sa chèvre ou économiser à tout prix une partie de tout ce qu'on peut gagner, aussi insignifiant soit-elle. À l'inverse, mes proches (ma marâtre et mes cousins) choisirent de tuer immédiatement leur chèvre pour la satisfaction des besoins immédiats.

Économiser ou épargner une partie de son revenu est, en matière de prospérité, une loi de cause à effet, de la même manière que « action égale réaction » en est une en physique. Ou encore, pour qui veut devenir riche, la loi de l'économie et de l'épargne ressemble à celle de la gravité selon laquelle tout corps, où qu'il se trouve, est attiré vers le centre de la Terre.

Pour avoir étudié le succès financier de plusieurs personnes, je suis arrivé à une conclusion frappante : tous ceux qui sont passés de la pauvreté à la richesse ont utilisé cette loi, d'une manière ou d'une autre, consciemment ou inconsciemment, tant pour devenir riches que pour se maintenir dans ce statut.

Parmi les multitudes de personnes qui ont expérimenté cette loi de l'économie et d'épargne comme loi de cause à effet figure Benjamin Franklin. Voici ce qu'il a déclaré à ce sujet : « Celui qui gagne tout ce qu'il peut gagner justement et qui épargne tout ce qu'il gagne, excepté les dépenses nécessaires, ne manquera pas de devenir riche. Loi de cause à effet. »

George S. Clason, l'auteur de l'ouvrage extraordinaire intitulé *L'homme le plus riche de Babylone* parle d'un certain Arkad, un homme pauvre, désirant devenir riche. Un jour, ce dernier demanda à Algamish, un individu riche, le secret qu'il devrait appliquer pour devenir aisé comme lui. Algamish lui répondit : « *Si vous économisez une partie de ce que vous gagnez, pas moins que dix pour cent, vous deviendrez riche.* »

Le jeune Arkad fut déçu de la simplicité du secret. Après doute et hésitation, il décida tout de même de l'appliquer. Que se passa-t-il ? Arkad devint l'homme le plus riche de son temps.

Parfois, lorsque certains me demandent le secret qui m'a permis de réussir financièrement, je leur dis ceci : « J'ai trouvé le chemin de la richesse quand j'ai décidé qu'une partie de tout ce que je gagnais devrait m'appartenir. Il en sera ainsi pour vous. »

Plusieurs personnes sont devenues riches dans l'histoire récente rien qu'en appliquant ce principe de conservation de la richesse. Je vous suggère fortement de le prendre au sérieux.

3. Économiser pour construire un capital

Économiser pour construire son capital veut simplement dire « garder avec soi une partie de son argent » dans le but de se doter d'un patrimoine. Et cette partie n'est pas forcément conséquente, elle peut être minime. De plus, je ne parle pas ici d'épargner pour dépenser plus tard (par exemple, pour acheter des cadeaux de

Noël, une voiture ou pour voyager), car ceci n'est rien d'autre qu'un achat différé. Prenons un exemple : vous disposez d'une somme de 100 $. Économiser implique que vous mettiez de côté au moins 10 $. Si, par contre, vous achetez un téléphone neuf qui coûte 100 $, dans ce cas, vous n'avez rien épargné. Et si, après avoir gardé les 10 $, vous les utilisez pour satisfaire un quelconque besoin de consommation, il faut considérer que vous avez tout dépensé.

Chaque fois que je parlerai de l'économie dans la suite de ces pages, sachez que je fais uniquement allusion à « l'économie destinée à augmenter son capital ». Cet argent ne devrait jamais être utilisé pour tout autre chose, quelles que soient les circonstances ou les pressions.

Mais est-il si simple d'économiser ? Non

Quoique cela vous paraisse aisé en théorie, en pratique, économiser reste un principe très négligé et très difficile à appliquer pour la grande majorité des hommes à travers le monde entier. En règle générale, les pauvres (qui constituent plus de 80 % de la population mondiale) ont tendance à dépenser tout ce qu'ils gagnent ou davantage. C'est le cas de ma belle-mère et de mes cousins.

Les riches, quant à eux, deviennent encore plus riches du fait de leur habitude à vouloir dépenser toujours moins que ce qu'ils gagnent.

Lorsque je décidai d'appliquer le principe d'épargne et d'économie, très vite surgirent des difficultés que je ne pouvais imaginer avant. Je dois vous avouer que ce fut un grand combat pour y parvenir, surtout au début. Heureusement pour moi, il y avait dans mon esprit cet exploit de ma mère qui m'inspirait. Je me disais que ce n'avait été certainement pas facile pour elle de conserver sa chèvre avec tous les besoins auxquels elle devait faire face à ce moment-là. Je décidai donc de suivre son exemple et tins.

Imaginez-vous dans les conditions de vie de ma mère à cette époque. Elle devait payer du sel, des allumettes, du pétrole pour la lampe-tempête, du savon pour laver nos habits, et nos frais scolaires. Toutes ces dépenses étaient justifiées, importantes et réelles ; toutefois, elle appliqua le principe : « garder la chèvre », soit, dans notre contexte d'aujourd'hui, « économiser. »

C'était dur pour elle de nous voir manger des légumes sans sel et porter des vêtements sales faute d'argent pour payer du savon. De là, j'ai compris que les difficultés auxquelles nous sommes confrontés dans notre société actuelle sont de même nature que celles auxquelles ma mère avait fait face hier. Quoi qu'il en soit, elle parvint à conserver la chèvre. Et nous, pourquoi ne le ferions -nous pas aujourd'hui bien que nous ayons aussi plusieurs besoins urgents et pressants ? Le choix est nôtre, l'avenir aussi sera nôtre.

Pourquoi ai-je osé appliquer ce principe ?

Lorsque je découvris que conserver une partie de son argent était le principe à appliquer pour devenir riche, je fus d'abord très sceptique. Cela me paraissait trop simple pour être vrai. Je ne voyais pas, avec ma logique de l'époque, comment je pouvais devenir riche avec un revenu aussi faible. Je trouvais cette théorie ridicule et ne voulais même pas tenter l'expérience.

Un jour, je réfléchis comme suit : « Je suis déjà pauvre. Si en appliquant ce principe simple je ne deviens pas riche, je n'aurai rien perdu. Au moins, j'aurai tenté. Mais si cela marchait, cela veut dire que je pourrais devenir riche. »

Cette perspective de devenir riche en faisant une chose si simple me motiva beaucoup.

À la même époque, je me plongeai dans l'histoire de ce fameux général cité dans la Bible, souffrant de la lèpre, qui alla voir un prophète en Israël pour le guérir de cette maladie honteuse. Il emporta avec lui beaucoup de richesses. Déçu lorsque le prophète lui demanda d'aller se jeter sept fois dans le Jourdain, il voulut rentrer chez lui. Mais son serviteur lui fit savoir qu'il était plus sage d'obéir à la simplicité de ce qu'on lui demandait.

Au final, il fut purifié de sa lèpre rien qu'en se jetant sept fois dans le Jourdain. Éclairé et fortifié par cette expérience, je résolus de faire des économies. Dieu merci ! cela marche, car tout le monde peut voir les transformations opérées dans ma vie. Vous aussi, faites de même ; décidez d'abord d'économiser une partie de votre revenu et le miracle suivra. Sans cela, malgré vos jeûnes et prières, vous resterez pauvre.

La première expérience d'économie

Lorsque je résolus d'appliquer ce principe surgit aussitôt une grande difficulté à laquelle je n'avais jamais pensé. À cette époque, en 2007, mon salaire était de 150 $ par mois. Mais en tant que religieux jésuite et professeur dans une école secondaire, je ne percevais que 15 $, le reste appartenant à ma communauté, comme le stipulait la règle de vie des religieux.

En fait, ces 15 $ m'étaient octroyés afin que je satisfasse certains besoins personnels (en dehors de la nourriture et du logis, fournis par ma communauté). C'était donc le seul revenu sur lequel je devrais compter et économiser une partie.

Pour vous convaincre de toute la difficulté que j'ai rencontrée pour épargner, voici la liste de mes dépenses mensuelles courantes : payer mes produits de toilette, mes déplacements urbains, mes sorties du week-end et donner l'aumône à tous ceux qui croyaient à tort que les prêtres ont beaucoup d'argent, tant dans ma famille que parmi les amis et les connaissances.

Avant d'avoir pris la décision de mettre de côté, je dépensais ce petit pécule dans les quinze premiers jours du mois et devais me serrer la ceinture durant la seconde partie. Alors, économiser une part me semblait impensable !

Mais comme j'étais fortement motivé à changer ma situation, je pris la décision courageuse de garder une partie de ces 15 $. D'après le principe découvert, je devais garder au moins 10% de cette somme, soit 1,50 $ chaque mois. Après toute une année de sacrifices, mon capital s'élèverait à 18 $. Vous pouvez vérifier ce calcul.

Un moment, je voulus conserver la totalité de mon revenu, à l'instar de ma mère qui avait gardé sa chèvre tout entière. Mais cela était impossible. Je prévis donc d'économiser une part importante, soit 10 $ par mois au lieu de 1,50 $. Ainsi, je devais espérer mettre de côté 60 $ en six mois et 120 $ en une année. J'étais prêt à endurer tous les sacrifices présents pour espérer un avenir meilleur, car je savais qu'avoir un capital ferait la différence.

Et vous, cher lecteur, pouvez-vous aussi vous imposer le sacrifice d'épargner malgré vos maigres revenus d'aujourd'hui ? Si vous voulez vous assurez un avenir financier heureux, n'attendez pas demain pour agir, commencez dès aujourd'hui. Décidez d'économiser. Faites ce premier pas avec foi et Dieu fera la suite pour vous.

Même si vous n'êtes qu'une femme de ménage, vous pouvez

économiser 10% de ce que votre mari vous donne pour le manger. Ces économies pourront vous aider à commencer une petite affaire au lieu de rester toute la vie devant la télévision et attendre tout de son mari. Peut-être que vous n'êtes encore qu'un étudiant. Même en tant qu'étudiant, vous pouvez tout de même économiser. Le plus important ici est de cultiver cette noble habitude d'économiser qui peut vous aider dans votre future vie professionnelle.

Dès lors, si vous avez pris la grande décision de votre vie, celle d'économiser pour construire votre fonds d'investissement, vous trouverez dans la section suivante des stratégies qui vous aideront à réussir votre projet.

4. Les stratégies pour mieux économiser

Voici ce que je fis pour m'en sortir :

a. Lister mes dépenses

J'énumérai les dépenses dont il fallait absolument que je m'abstinsse. Parmi elles figuraient le transport pour les sorties, les loisirs avec les amis, les appels téléphoniques…

b. Prendre la décision de dépenser moins

Je me promis de ne sortir que très rarement et uniquement à pied, et de multiplier les moments de lecture des livres relatifs au succès. Un investissement qui me sert utilement aujourd'hui.

c. Éviter toute personne ou occasion poussant à dépenser

Je coupai contact avec tout ami ou individu m'entraînant à des dépenses irraisonnées.

d. Prendre l'engagement de mettre systématiquement de côté 10 % des revenus

Construire mon patrimoine étant devenu mon but principal, je devais absolument garder une partie de tout ce que je gagnais pour y parvenir.

Au début, principalement les deux premiers mois, respecter ces principes était pénible. Le rythme était tellement suicidaire que mes amis ne me comprenaient plus. Je perdis tout éclat de jeunesse, faute de moyens pour prendre soin de mon apparence comme avant. Mais je savais que c'était le prix à payer pour vaincre la pauvreté et être financièrement indépendant.

À force, m'en tenir à cette nouvelle discipline devint alors une habitude facile et un mode de vie. D'ailleurs, ce comportement d'économe est devenu l'un des plus grands points forts dans ma vie d'homme d'affaires. Quels que soient le besoin ou les pressions, je ne dépense jamais tout ce que je gagne, j'en garde toujours une partie pour la mettre de côté.

L'argent pouvant être comparé à la chèvre de ma mère, lorsque l'envie de dépenser m'assaille, une petite voix me dit : « Garde ta chèvre ! Garde ta chèvre ! Elle finira par te tirer de la pauvreté. » Vous aussi, pensez-y ! En gardant une partie de ce que vous gagnez aujourd'hui, vous vous échappez à un lendemain de misère et de honte. Heureux sont ceux qui le comprennent et l'appliquent à temps.

Un couple peut-il économiser ?

De nos jours, du fait de la précarité des salaires, lorsque je conseille aux jeunes couples d'épargner, ils protestent, affirmant que leurs revenus ne leur permettent pas. Pour inspirer mes auditeurs, j'aime leur parler de mon expérience d'économie lorsque je gagnais 15 $.

Un jour, un jeune monsieur nouvellement marié me dit après une conférence lors de laquelle j'évoquais l'épargne et l'économie :

« Je comprends que tu aies mis de côté lorsque tu étais encore célibataire. Mais pour nous qui sommes mariés, comment faire de même alors que nous devons faire face à de nombreux postes de dépense ? » Pour lui répondre, je fus obligé de parler de mon expérience de l'épargne au début de ma vie de couple. Comme mon récit a aidé cet homme, j'ai choisi de vous la relater afin d'aider ceux qui se trouveraient en pareille situation.

À vingt-huit ans, mon premier grand objectif était de me marier. Mais le manque d'argent était le vrai obstacle. Dieu merci ! ma femme accepta ma proposition de commencer notre vie de couple sans patrimoine conséquent.

Nous disposions de 3 500 $ et ne travaillions pas. Notre consigne était de conserver au maximum ce pécule, à défaut de l'accroître.

Nous décidâmes de ne pas louer un logement ni d'acheter de meubles. À la place, nous investîmes cette somme dans une petite boutique dans laquelle nous devions vivre. Ensuite, nous construisîmes une petite boîte en carton sous forme d'urne d'élection. Nous y glissions chaque soir nos économies du jour.

Cela ne représentait pas grand-chose au début, mais la règle comptait beaucoup pour nous. Après chaque trois mois, nous détruisions l'urne pour compter les voix, entendez nos économies. Nous fûmes merveilleusement surpris, car nous nous retrouvâmes avec une somme importante alors que l'on n'y plaçait pas grand-chose journalièrement.

Je compris par là le principe biblique selon lequel « Celui qui est fidèle dans les petites choses, on lui confiera de plus grandes. » Nous étions de plus en plus motivés, car notre stratégie était payante.

N'avions-nous pas des problèmes pour économiser ? Loin de là.

Notre entourage ne comprenait pas qu'un couple de jeunes universitaires puisse vivre dans une boutique. Il voyait cela d'un très mauvais œil. Cependant, cette stratégie nous permettait d'économiser sur les postes de dépense courante, comme le loyer, le transport de la maison à la boutique, l'équipement du logement, l'eau, le courant... Nous avions cessé toute sortie le week-end. D'ailleurs, les fins des semaines étaient des moments où nous vendions le mieux, car nos clients aimaient dépenser pour se distraire.

Regardez bien autour de vous, vous verrez comment les gens apprécient de faire des achats dans les boutiques durant leurs jours de repos.

Notre consigne incluait l'interdiction entre autres de nous payer tout nouvel habit, carte téléphonique ou toute chose encombrante. Je me souviens que je n'avais que deux culottes. S'il m'arrivait de laver la première, je mettais la seconde et vice-versa.

Je n'avais pas besoin de beaux habits pour vendre dans une boutique. Ma femme, totalement investie dans notre projet, n'avait que faire d'un mari bling-bling. C'est aussi à ce moment que nous perdîmes une bonne partie de nos amitiés et de nos connaissances qui ne voulaient plus nous rendre visite.

Je vécus ce que dit la Bible dans Proverbes 19,7 : « Tous les frères du pauvre le haïssent; combien plus ses amis s'éloignent-ils de lui! Il leur adresse des paroles suppliantes, mais ils disparaissent. » Par ailleurs, ne dit-on pas « Tant que tu seras heureux, tu compteras nombre d'amis, mais lorsque le temps sera nuageux, tu resteras seul ? »

Vous avez peut-être quelques défis financiers. Sachez que vous n'êtes pas obligé de commencer votre vie de couple dans une maison située dans le quartier le plus cher de la ville, ni d'impressionner les autres avec vos meubles et appareils ménagers hors de prix, ni d'acheter une voiture dont l'entretien nécessite de dépenser l'intégralité de vos revenus. La décision est vôtre.

En passant, voulez-vous savoir jusqu'où ce sacrifice d'économie nous a amenés? Eh bien, sachez que j'écris cette section du livre dans une chambre d'hôtel cinq étoiles dans une ville des plus chères au monde. Nous passons le week-end dans ce lieu avec nos familles pour fêter les quatre ans de notre fils aîné. Oui, « Ceux qui sèment avec les larmes moissonnent avec chant d'allégresse » (Psaumes 126 : 5).

Économiser pour son fonds est un défi

Dans une société où nous sommes incités à consommer tout le temps, économiser ou conserver une partie de notre argent constitue un défi de taille. Nous trouvons toujours des excuses pour dépenser au lieu d'épargner.

Observez vos amis. Dès qu'ils bénéficient d'une augmentation de salaire, ils achètent des habits onéreux, déménagent pour une maison dont le loyer est plus élevé ou se paient des vacances hors de prix. Donc, plus on gagne, plus on dépense, et ce souvent pour la seule raison d'impressionner son entourage et d'avoir l'air plus riche.

Paraître aisé avant de l'être réellement est le plus grand malheur des pauvres, car cela les pousse à faire le contraire de ce qu'il faut pour réussir financièrement. Aucun riche digne de ce nom ne dépense plus que ce qu'il gagne, même pour impressionner quelqu'un.

Voilà donc une vérité. Vous pouvez être un bon chrétien qui jeûne, prie et donne les dîmes, vous ne prospérerez jamais si vous n'appliquez pas le principe de l'épargne. Ne pas mettre de côté revient à tuer votre chèvre et à exterminer toute sa descendance.

Vous terminerez alors votre vie pauvre, honteux et malade. J'ose croire cependant qu'en lisant ce livre vous vous déciderez à appliquer immédiatement le secret. Car c'est maintenant ou jamais que vous devez prendre en main votre avenir financier.

Vous pouvez économiser malgré vos maigres revenus

Si vous désirez profondément réussir financièrement, je vous prie, cher lecteur, au nom de Jésus-Christ, de cultiver l'habitude d'économiser une partie de votre argent. Dieu n'a pas d'autres moyens de vous faire prospérer tant que vous gaspillez toute bénédiction qui tombe dans vos mains.

Voici une grande illusion que certains entretiennent : « Ayant beaucoup de charges à assumer, je ne peux pas économiser. Si j'avais de confortables revenus, j'économiserais volontiers. » Rien n'est plus faux. Si vous ne pouvez pas économiser maintenant avec peu, il vous sera plus difficile de le faire demain même en gagnant bien votre vie.

En effet, d'une part, les besoins grandissent toujours à mesure que les revenus augmentent et, d'autre part, dépenser reste une habitude plus profonde et un conditionnement intérieur. Si vous ne vous reprogrammez pas à présent, qu'importe le niveau de revenu que vous pourriez avoir, cette mauvaise programmation vous entraînera dans un cycle infernal de dépenses. Vous serez toujours tenté de recourir à toutes sortes de crédits bancaires pour satisfaire vos besoins présents et compromettre l'avenir.

Vous finirez par vous endetter de plus en plus avec la fausse illusion qu'ainsi vous deviendrez riche. En réalité, les dettes appauvrissent.

L'économie peut vous éviter les faillites dans vos affaires

Je suis un homme d'affaires qui en côtoient d'autres. Ils sont souvent tendus et stressés. En parlant avec eux, je découvre très vite que, malgré le fait qu'ils ont beaucoup d'argent et de biens matériels, ils n'ont pas le plus important : la paix intérieure. À l'inverse, ils sont souvent étonnés de constater mon calme et la sérénité avec laquelle je fais face à la vie.

Ils me questionnent également sur mon secret pour avoir une richesse qui augmente rapidement. Il consiste simplement à avoir toujours un solde positif en banque. Je n'ai jamais eu un quelconque crédit. La majorité d'entre eux, à l'inverse, ont contracté d'importants crédits bancaires et vivent sous la pression des banques.

En fait, ils n'ont pas cultivé tôt l'habitude d'économiser et de vivre avec ce qu'ils ont. Comme un important flux d'argent passe dans leurs mains, ils commettent la grande erreur de vouloir vivre sans se priver, au lieu de se soumettre à une discipline appropriée.

C'est une triste erreur que de vouloir brûler sa fortune pour satisfaire ses désirs et ses caprices ! En agissant ainsi, vous deviendrez plus pauvre et plus misérable.

Même si les banques m'accorderaient sans problème des crédits pour des montants importants, je me suis toujours refusé à m'engager dans une telle démarche, préférant travailler avec mes moyens financiers disponibles. Cette stratégie présente beaucoup d'avantages sur plusieurs points de vue ; elle nous apprend notamment à être réalistes et disciplinés.

L'économie à la base comme au sommet !

Beaucoup de personnes considérant cette stratégie comme difficile, je vais partager avec vous la manière dont mon épouse et moi gérons nos vies personnelle et professionnelle, espérant que cela puisse aussi vous aider. D'abord, un petit incident. Un jour, la femme d'un ami nous fit part de son étonnement sur le fait que nous continuions à économiser.

Elle pensait qu'en gagnant beaucoup d'argent il n'était plus utile d'économiser. Ma femme lui expliqua que plus on devient riche, plus on économise, non seulement pour se maintenir, mais aussi pour progresser.

Je lui relatai l'histoire de la chèvre de ma mère et conclus en déclarant qu'on disposait enfin d'un troupeau de chèvres et que l'on mangeait de la viande de temps en temps. En effet, même en possédant beaucoup de chèvres, maman continuait à en conserver plus qu'elle n'en tuait, de peur que nous subissions le même drame qui avait touché nos cousins qui avaient choisi d'exterminer tout leur troupeau.

C'est la même logique que nous appliquons dans nos affaires. D'abord, nous distinguons très clairement notre vie personnelle de celle professionnelle.

Même si nous travaillons pour notre compte, nous avons un salaire fixe, comme tout employé.

Nous dépendons uniquement de ce salaire pour nos besoins personnels. De nombreux chefs d'entreprises, au contraire, n'ont qu'une seule caisse pour leurs affaires et leur famille. Si vous procédez de la sorte, votre avenir financier peut être gravement mis en danger.

Mon salaire n'est pas le plus élevé de la société dont je suis le patron ; la personne la mieux payée gagnait à un moment 5 000 $, et moi environ 2 500 $, soit la moitié. Cela étonne les personnes au courant : comment un employé peut-il gagner plus que son patron ? C'est simple.

Mon domaine de compétence est l'administratif. Or, tout le vrai travail repose sur la production, donc la tâche technique. Le directeur technique est ainsi plus responsable de la bonne marche de l'entreprise que moi. Étant un spécialiste en la matière, il a exigé un salaire plus important, et comme j'aime travailler avec de bons professionnels, j'ai accepté ses exigences.

Quant à mon épouse, elle a toujours exercé dans la société comme directrice adjointe chargée des finances et de la logistique. Effectuant bien son travail, elle touchait à un moment un salaire de 2 000 $. Nous nous limitons à nos deux salaires pour organiser notre vie familiale et couvrir tous nos besoins en termes de logement, nourriture, bien-être et soins divers.

Pour certains, ces deux salaires réunis représentent beaucoup d'argent. En réalité, si l'on prend en compte les prix des produits de consommation, cette somme est très restreinte. Il faut beaucoup de discipline et de rigueur pour vivre avec. Voici donc comment nous avions décidé de nous organiser :

Mon salaire étant de 2 500 $ et celui de madame de 2 000 $, nous disposions d'un revenu mensuel total de 4 500 $. Je consacrais l'intégralité de mon salaire et madame 1 000 $ à notre foyer, soit 3 500 $. Les 1 000 $ restants de Madame représentaient son argent de poche, avec lequel elle se procurait ce qu'elle voulait sans recourir à la caisse de la famille.

Nous répartissions les 3 500 $ de la manière suivante :

- Dîmes + aumônes (11,4%) : 400 $.
- Épargne pour le futur (10%) : 350 $.
- Prise en charge des parents, aide à la famille, aux proches, aux démunis (14,3%) : 500 $.
- Dépenses de la famille (loyers, nourriture...) (57,14%) : 2 000 $.
- Épargne pour imprévus divers (7,14%) : 250 $.

Total : 3 500 $ (100%)

Nous devions donc nous en tenir à cette discipline et ne jamais dépenser plus que notre revenu. Remarquez trois choses :

Premièrement, la répartition des dépenses. Comment pourrais-je donner à ceux qui me demandent des fonds pour régler leurs problèmes, même si ces derniers sont réels et justifiés ? C'est la raison pour laquelle, lorsque des gens me demandent de l'argent, ma réponse est souvent négative.

Généralement, ils me rétorquent, déçus : « Comment osestu dire non, alors que tu as plein d'argent ? » Lorsque l'on distingue ses dépenses personnelles et professionnelles, on ne peut plus commettre l'erreur de puiser dans sa caisse d'affaires pour ses besoins de tous les jours. De plus, aucun riche ne peut dépenser sans compter.

Deuxièmement, l'absence des postes « voitures » et « communication ». Pourquoi ? Nous utilisons les véhicules de la société. En tant que cadres, chacun de nous a droit à un moyen de transport pris en charge par l'entreprise. De même, un montant nous est octroyé pour les communications et le carburant.

Enfin, troisièmement, l'économie d'au moins 10% de notre salaire pour faire grandir notre richesse. Nous avons le souci d'appliquer le principe de l'épargne, indispensable pour qui veut devenir et demeurer riche.

Les vies personnelle et professionnelle étant clairement séparées, personne ne doit recourir à la caisse de l'entreprise pour ses besoins privés. Cela est très important. En Afrique, on pense à tort que l'argent de votre société vous appartient, que vous pouvez en faire tout ce que vous voulez et quand vous le voulez. Cette pratique est un péché. Vous risquez de finir dans la pauvreté et la misère.

Les demandes et sollicitations

Un jour, une connaissance souhaitait que je lui emprunte 1 000 $ pour un problème urgent auquel elle devait faire face. Je lui dis que j'étais désolé, mais que ce ne n'était pas possible. Elle me répliqua que je n'avais qu'à piocher dans mon compte professionnel. Je lui répondis ceci : « Mes affaires, c'est comme votre entreprise où vous travaillez (elle était employée dans une société commerciale). Votre compagnie ne peut pas vous prêter une telle somme bien que vous soyez son fidèle ouvrier. Comment voulez-vous que la mienne puisse le faire pour vous ? C'est insensé. »

Très souvent, ceux qui travaillent pour leur propre compte sont pris dans ce genre de pièges par leurs proches salariés qui exigent d'eux qu'ils empruntent tout le temps et sans aucune planification à l'entreprise, alors que leur entreprise ne fait pas cela pour eux. Si vous voulez réussir dans vos affaires, ne faites jamais une telle erreur, refusez toujours ce genre de sollicitations sentimentales.

Bien que je sois le propriétaire de la société, je me refuse à prendre ne serait-ce qu'un dollar dans la caisse pour résoudre un problème qui n'est en rien professionnel. L'argent de la compagnie doit servir à l'atteinte des objectifs de cette dernière et à son bon fonctionnement.

L'économie dans les revenus des affaires

Si vous avez des affaires ou rêvez d'en avoir, cette section vous montrera comment gérer au mieux les revenus y découlant. À la fin de chaque année, après déduction de toutes sortes de charges légales, nous disposons du gain réalisé dans l'exercice annuel. Ce gain est utilisé selon un plan bien défini :

N°	Différentes rubriques	%
1	Dîmes	10
2	Offrandes et assistance aux pauvres, démunis	5
3	Augmentation du capital des projets existants	20
4	Création d'un capital pour les nouveaux projets	50
5	Pour le compte famille : biens immobiliers, voyages, confort, formation	10
6	Pour les imprévus divers	5

Remarquez bien ceci :

Au moins 70% de nos gains sont réinvestis, en vue de produire de la richesse dans le futur (voir rubriques 3 [20%] et 4 [50%]). C'est la raison pour laquelle, chaque année, nous investissons pour de nouveaux projets et sécurisons les investissements existants en augmentant leur capital (rubrique 3).

Ainsi, lorsqu'un imprévu vient perturber notre budget annuel, nous ne recourons pas à un crédit bancaire comme nombreux le font, nous puisons dans le capital du projet.

Par exemple, un groupe électrogène de secours (indispensable pour nous, car l'énergie publique est souvent instable) tombe en panne avant le temps prévu de son amortissement. Notre capital du projet doit servir à faire face à cette urgence.

Les pauvres travaillent dur pour gagner leur argent et le dépensent intégralement. Les riches quant à eux, travaillent dur pour l'argent, mais pour un temps. Ils l'investissent par la suite, pour qu'il travaille pour eux.

Les autres dépenses. Nous ne pouvons débourser qu'au maximum 10% de nos gains pour le quotidien de la famille, c'est-à-dire pour les biens divers. Cette rubrique fait penser à ces chèvres que l'on pouvait manger de temps en temps sans craindre d'exterminer notre troupeau. Même si beaucoup considèrent leur maison, leur voiture, leur piscine ou leurs meubles comme des richesses, en tant qu'homme d'affaires, je pense qu'ils ne représentent pas un actif, mais une dépense.

Ce sont des choses qui engendrent des dépenses et qui n'augmentent pas vos revenus. C'est l'une des grandes leçons que j'ai apprises du grand Robert Kiyosaki, l'auteur du livre à succès *Père riche, père pauvre.* En passant, si vous n'avez jamais lu cet ouvrage, je vous encourage à le faire, vous gagnerez beaucoup en termes d'intelligence financière.

Si vous étudiez cette organisation financière et ce mode de vie, vous découvrirez que le vrai secret de nos progrès se trouve dans une bonne gestion de nos revenus. Dieu ne nous donne peut-être pas beaucoup plus d'argent qu'à notre voisin, cependant, notre sagesse nous aide à bien conserver ce qu'il nous octroie et à mieux le faire fructifier.

Même si mon épouse et moi gagnons beaucoup d'argent, nous basons notre vie financière sur le principe de la conservation de la chèvre de ma mère ou principe de l'épargne et de l'économie. Beaucoup d'hommes d'affaires africains n'ont pas de salaire fixe. Ils puisent constamment dans la caisse de l'affaire, et c'est la raison pour laquelle la majorité d'entre eux tombent en faillite.

Ce principe fonctionne dans tous les domaines

Pour mieux expliquer ce principe, je vous donne l'exemple d'un pasteur qui rencontrait beaucoup de problèmes financiers avec son église. En parlant avec lui, je découvris qu'il n'avait aucune comptabilité organisée. L'église était fréquentée par de nombreux pauvres qui le sollicitaient pour une aide financière. Comme il n'osait pas refuser, la majeure partie des revenus de la maison de

Dieu était dilapidée. En conséquence, cette dernière était à court d'argent et ne croissait pas.

J'expliquai à cet homme que sa mission était de prêcher aux pauvres la bonne nouvelle qui libère de la misère et non de jouer à l'assistante sociale. Toutefois, parce qu'il convient de venir en aide aux pauvres, un pourcentage des recettes de l'église devant servir à cet effet fut fixé.

Lorsque ce compte était à plat, une offrande spéciale devrait être organisée. Il était interdit de recourir à d'autres comptes de l'église. Après moins d'une année d'application de la règle, le lieu, grâce à sa nouvelle organisation financière, prospéra beaucoup, au point qu'elle ouvrit des succursales dans la ville.

Certes, nous devons avoir une compassion envers les pauvres, mais devons éviter qu'ils deviennent une porte par laquelle Satan fait stagner nos œuvres.

D'ailleurs, beaucoup de pauvres autour de nous sont en grande majorité des ambianceurs qui ne pouvaient rien économiser à la belle époque. Un pasteur qui apprécia mon travail décida de distribuer mes livres aux pauvres de son église qui savaient lire afin qu'ils prissent connaissance des secrets de la prospérité.

Celui qui est devenu riche en partant de rien a fait bon usage de ce principe. Benjamin Franklin, dont le visage figure sur les billets de 100 $, devint riche grâce au principe de l'épargne.

À quarante-deux ans, il était suffisamment aisé pour se retirer des affaires et servir son pays.

Ce fut ce secret qui permit aussi à Henri Ford, le constructeur de voitures, de devenir l'homme le plus puissant de son temps. En l'appliquant, vous deviendrez riche et vous maintiendrez dans ce statut.

Savoir conserver son argent est un grand atout pour celui qui veut vivre loin de la pauvreté. Sans cette habitude d'épargne et d'économie, vous ne pouvez espérer devenir aisé.

Aujourd'hui, la grande majorité cherche des fonds pour commencer dans les affaires. On me dit souvent : « Si j'avais 5 000 $, je pourrais me lancer dans telle affaire et ainsi devenir riche. » Malheureusement, ils ne savent rien de l'économie grâce à laquelle ils peuvent constituer un capital au lieu d'espérer indéfiniment une aide étrangère.

Je suis d'avis avec mon ami Philippe Simo d'investir au pays qui affirme que l'entreprenariat c'est la solution pour sortir l'Afrique de sa situation actuelle. Son livre *L'urgence d'entreprendre*, que je vous conseille de lire, peut vous aider à comprendre pourquoi il faut penser investissement.

L'argent sans intelligence peut vite disparaître

Je vais vous raconter une triste histoire qui peut vous servir de leçon. Il concerne le capital pour se lancer dans les affaires sans habileté à le gérer et à le faire fructifier.

Un de mes amis, qui se trouvait en Europe, admirant ma percée dans les affaires, décida de se lancer. Selon lui, il suffisait d'avoir les fonds pour accomplir un tel exploit. Je lui expliquai que la formation était plus importante, mais il ne m'écoutait pas.

Souhaitant l'aider, j'avais prévu de le coacher au monde des affaires pendant deux ans, puis de lui remettre 6 500 $ pour commencer son affaire. Il accepta ma proposition lors de son arrivée de l'Europe.

Après seulement trois mois, il décida de ne plus suivre le programme et exigea que je lui versasse de l'argent, car, selon ces dires, c'était tout ce dont il avait besoin pour se lancer. Devant son insistance, je cédai à ses pressions.

Après avoir reçu cette somme, il se passa de mes conseils et se lança dans une affaire non bien étudiée. Résultat, il fut escroqué et perdit ce capital moins d'une semaine après.

6 500 $, me direz-vous peut-être, ce n'est pas une fortune. Mais à cette période, d'autant plus pour un couple qui avait passé

trois ans à dormir par terre dans une boutique pour épargner ce montant, l'équivalent de soixante-cinq chèvres de ma mère, c'était beaucoup d'argent. Depuis cet incident, soit quatre années, cet ami n'a jamais été capable de réunir une pareille somme, malgré toutes ses tentatives de s'enrichir.

À mon avis, son vrai problème et celui de la grande majorité des individus, c'est qu'ils mettent trop d'efforts et de temps à chercher l'argent plutôt qu'à se former.

Dans mon parcours d'aide financière auprès de mes connaissances, j'ai vécu encore plusieurs déceptions de ce genre. Dès lors, j'ai compris que la meilleure manière d'aider les autres à réussir c'est de leur enseigner la manière de capitaliser et non de leur donner l'argent qu'ils vont perdre aussi vite qu'ils l'ont obtenu. Ainsi, je dispense des cours, des conférences, des coachings aux autres afin de développer leurs habiletés en matière d'argent, surtout celles d'économiser et d'épargner. Cette nouvelle stratégie s'est révélée très efficace et beaucoup font de réels progrès.

Mon avis sur l'économie ou le principe de garder la chèvre de ma mère

Vous souhaitez changer votre avenir financier et parvenir à l'autonomie financière ? Vous désirez devenir riche un jour ? C'est possible ! Vous n'avez pas besoin d'aller dans des loges ou chez les féticheurs ! Cultivez juste l'habitude de conserver au moins 10% de tout ce que vous gagnez. Avant de dépenser, évaluez votre argent en termes de chèvres ; vous serez ainsi mieux éclairé et prendrez la meilleure décision. Si les chèvres ne vous évoquent rien, alors évaluez votre argent en termes de nombre d'heures qu'il vous a fallu travailler pour l'obtenir.

Par exemple, si vous gagnez 900 $ par mois comme salaire, sachez qu'une dépense de 30 $ pour assister à un concert, entrer dans une boîte de nuit ou vous acheter un nouveau pantalon équivaut à une journée entière de travail pour vous. Peut-on vraiment gaspiller un jour de dur labeur pour un plaisir de trente minutes ? Vous êtes libre de faire ce que vous voulez avec le fruit de votre front, mais pensez parfois à votre avenir, à celui de votre famille et de vos affaires.

Si vous choisissez, comme je l'ai fait, de renoncer aux plaisirs présents pour économiser systématiquement une partie de votre argent, vous aurez de fortes chances de devenir riche et de jouir de plaisirs beaucoup plus intenses à l'avenir.

Aujourd'hui, j'ai la possibilité de voyager aux quatre coins du monde, d'assister aux finales de la Ligue des champions, de rouler dans de belles voitures américaines et d'offrir une vie confortable à ma famille, grâce à cette petite période de sacrifice. Dieu ne m'aime pas plus que vous, j'ai juste appliqué cette loi. À celui qui a, on ajoutera, à celui qui n'a rien, on retranchera même le peu qu'il devrait avoir. Si vous économisez, alors Dieu vous donnera plus.

En imaginant les avantages que vous tirerez à la longue en économisant, vous aurez le courage de faire un effort. Vous perdez beaucoup trop en choisissant la jouissance immédiate au profit d'un équilibre à long terme. N'oubliez pas que notre vraie vie se vivra dans le futur. Le passé est déjà passé et le présent passe aujourd'hui même.

Actions à faire

– Notez toutes les dépenses journalières, hebdomadaires et mensuelles, et faites la somme à la fin d'une année. Vous saurez exactement combien d'argent vous dépensez.

– Décidez d'économiser au moins 10% de tout ce que vous gagnez et ne dépensez jamais cet argent, quel que soit le problème. Faites la somme de ces économies à la fin de chaque mois et de chaque année.

– Méditez sur ces phrases : « La richesse, comme l'arbre, pousse à partir d'une graine. Le premier billet que vous épargnez est la graine qui fera pousser l'arbre de la richesse », « De même que l'océan est formé d'une multitude des ruisseaux qui s'y versent, la fortune naît de petites épargnes bien accumulées au fil des temps. »

– Le gain est passager, mais la dépense est continuelle et exponentielle. Même après votre mort physique, il faudra dépenser pour vous enterrer. Pensez-y.

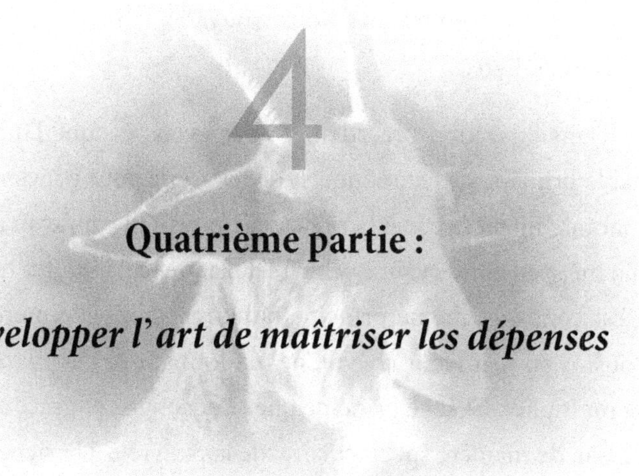

4

Quatrième partie :

Développer l'art de maîtriser les dépenses

Développer l'art de maîtriser les dépenses

L'une des raisons qui me donnent le droit d'écrire ce livre sur la richesse est mon ancien statut de pauvre. Et l'un des conseils que je prodigue aux autres est celui-ci : « *Il vaut mieux vivre pauvre que de chercher à être riche sans y être préparé.* » Quand je parle de préparation, je fais référence à votre habileté à vivre avec l'argent sans le perdre. Pourquoi ? Vous trouverez la réponse dans cette section du livre.

Dans la section précédente, nous avons évoqué l'incontournable principe de l'économie et de l'épargne pour parvenir à l'autonomie financière et à la richesse. Un principe qu'avait appliqué ma mère en conservant sa chèvre de laquelle naquit un troupeau. C'est contre ce même principe qu'agirent ma belle-mère et mes cousins en tuant leur chèvre, ne lui donnant pas la possibilité de se multiplier. C'est ce principe que je découvris et grâce auquel je passai, de manière spectaculaire, de la pauvreté à la richesse.

Logiquement, je devrais passer au point suivant concernant la manière de faire fructifier son argent. Mais pour ne pas laisser mes lecteurs face à une difficulté de taille dans la pratique de ce principe, il m'a semblé d'une grande importance d'inclure cette section transitoire. Si vous estimez ne pas avoir de difficulté pour épargner et garder vos économies, passez directement à la section suivante. Sinon, lisez attentivement cette section, elle vous aidera à développer l'art de maîtriser les dépenses. Elle s'adresse essentiellement à nos lecteurs africains qui subissent certaines pressions sociales et culturelles qui ne favorisent pas la pratique de l'épargne.

1. La tradition peut être un obstacle

Une vieille tradition africaine veut que l'intérêt de la communauté passe au-dessus de celui de l'individu. Je n'ai rien contre. Ce n'est d'ailleurs pas à moi de juger si elle est bonne ou mauvaise. Je voudrais seulement détailler une des difficultés qu'elle engendre dans la vie moderne.

Cette difficulté surgit indubitablement lorsqu'il s'agit d'oser économiser. Car, selon la compréhension de beaucoup et cette tradition, celui qui a réussi doit subvenir à TOUS les besoins de sa famille, de son clan, de sa tribu, etc. Cela encourage la paresse. Certaines personnes, même à l'âge adulte, négligent leurs propres responsabilités et devoirs pour attendre l'assistance des autres. Il est très difficile d'économiser en pareille situation, d'autant plus que le besoin de chacun est très important. Finalement, tout le monde vivra et mourra pauvre.

2. Cas d'un deuil

L'an passé, un parent proche a perdu son fils aîné dans un accident de circulation. Ce parent est un fonctionnaire d'État, un officier supérieur de l'armée. Il vivait dans la capitale. En Afrique, ces cadres sont généralement considérés comme des riches à capacité financière illimitée. En réalité, cela est faux ; leurs revenus sont limités.

Ce parent a toujours rencontré des problèmes avec son clan. Vous connaissez peut-être des cas du genre.

Lorsque la nouvelle du deuil parvint au village, presque tous les membres du clan souhaitaient participer à l'enterrement du garçon en ville, à une distance d'une journée de route. Mais qui devait prendre tout ce monde en charge pour le voyage et la restauration ? Le père venant de perdre son enfant.

Il fit savoir aux gens du village que tous ceux qui voudraient venir devraient prévoir au moins 200 $ pour son transport aller-retour. Les gens du village prirent cela comme une offense. « Nous voulons venir pour le deuil et non pour prendre les richesses d'un tel », dirent-ils.

Le jour des funérailles, seule une délégation de vingt personnes vint, les mains bredouilles. Il est de coutume, dans la ville où je vis, que ceux qui participent à l'enterrement soient nourris pendant tout le temps de deuil, à savoir du jour du décès jusqu'à parfois une semaine après l'enterrement. Ils doivent manger et boire comme dans une fête populaire. Le père respecta cette tradition. Il dut leur remettre en plus 2 000 $ pour qu'ils pussent rentrer chez eux. Notez qu'ils n'avaient contribué en rien, sinon par leurs pleurs.

Faut-il vraiment dépenser autant pour que des individus viennent pleurer ? Pourquoi ne peuvent-ils pas plutôt se lamenter au village ? Qu'en serait-il si tous les membres du clan, du village étaient venus comme ils le souhaitaient ? Ces scènes sont monnaie courante en Afrique. Vous comprenez maintenant pourquoi cette section est de toute importance pour les Africains.

Elle permettra au lecteur de comprendre les habitudes et les coutumes qui constituent un frein à l'épargne, et dès lors à la richesse. Devons-nous changer cette culture ou non ? Certains diront : « Pas question, c'est notre culture !... »

Laissez-moi vous questionner : vivez-vous en ville comme moi ? Si oui, portez-vous encore des peaux d'animaux comme au temps de vos ancêtres ? Vous promenez-vous encore avec des flèches au dos ? Habitez-vous dans une case en chaume comme au village ? Vous me répondrez sûrement qu'en ville nous devons mettre des vestes et des jeans, et habiter des logements en matériaux durables. Alors, pourquoi continuer à penser et à faire comme des gens qui sont nés, ont grandi et sont morts au village ? La plus importante erreur que l'on peut faire en ce XXIe siècle, et de surcroît en ville, c'est de ne pas adapter la tradition du village au contexte actuel de la ville. Lorsque certaines traditions constituent un vrai obstacle au développement, nous avons le devoir de les changer. N'oubliez pas ce que dit Albert Einstein: "être insensé c'est continuer de faire les choses toujours de la même manière et espérer que les résultats changent".

3. Un neveu me demande l'argent du transport

Voici un autre exemple de ces mauvaises habitudes dans notre société. Pour mon mariage, nous avons fait, mon épouse et moi, d'importantes économies pendant deux ans. Nous n'avons sollicité aucune contribution aux membres de famille, à l'inverse de nombreuses personnes. Nous avons simplement invité nos proches à la fête pour manger et nous réjouir. Nous pensions que cela était suffisant.

Quelques neveux d'une vingtaine d'années souhaitaient me parler. Lorsqu'ils montèrent sur le podium où j'étais installé avec ma femme, ils me firent savoir qu'ils n'avaient pas de transport pour rentrer chez eux après la fête. Imaginez mon ressenti à ce moment-là !

J'ignorais qu'il fallait prévoir un peu d'argent dans ma veste de mariage pour des situations de ce genre.

4. Parfois des amis

Voici un autre exemple, cette fois-ci avec les amis. Je connais Michel depuis des années. Il travaille dans une banque locale où j'avais un compte sur lequel était déposée une somme importante (plus de 150 000 $). Cette dernière était destinée à financer un projet, de plus de 600 000 $, pour lequel mon épouse et moi investissions tous nos efforts.

À la fin d'une de mes conférences, Michel vient me voir ; il voulait me parler d'un sujet urgent. Il ne tarda pas à me faire savoir qu'il avait un problème d'argent. Il me sollicita un prêt de 4 000 $, qu'il rembourserait en six mensualités. Je fus curieux de savoir la raison de ce besoin de crédit. Il m'avoua avoir pris cette somme dans la caisse de la banque sans autorisation préalable. Il devait la remettre avant la visite de l'auditeur qui aurait lieu au courant de la semaine.

Je lui répondis simplement que j'étais désolé, mais que je n'avais pas d'argent. Il me rétorqua qu'il avait vérifié le solde de mon compte et qu'il y reposait une somme importante ! Abasourdi, je répliquai que si lui agissait à l'encontre des principes de la banque qui l'employait, moi, je ne pouvais pas aller contre les miens. L'argent économisé pour un projet ne devrait jamais être détourné pour une chose différente, et surtout pas pour payer des erreurs des autres.

Je lui donnai le conseil d'effectuer le travail pour lequel la banque l'avait engagé plutôt que de scruter les comptes de clients pour chercher des prêts. Il était choqué ; il ne s'attendait pas à un refus. Certes, je reconnais avoir été un peu dur, mais il ignorait tout de l'origine et de la finalité de mon argent. Je faisais moi aussi face à beaucoup de problèmes urgents et plus importants, mais n'osais pas piocher dans mon compte épargne destiné à mon projet.

Il raconta à tout le monde que j'étais un jeune homme méchant, et certainement un occultiste ayant recours à des principes diaboliques pour obtenir de l'argent. Un ami ayant été mis au courant me demanda quels étaient les principes que j'avais utilisés dans ce cas précis pour ne pas prendre une décision poussée par les sentiments.

Le premier principe était : « Celui qui ne peut pas être conseillé ne peut pas être secouru. »

Le deuxième : « Un privilège que je ne peux pas donner à mes fonctionnaires et collaborateurs, je ne peux pas l'octroyer à quelqu'un d'autre, fût-il un ami. »

Le troisième : « L'argent économisé pour l'investissement ne peut pas être utilisé pour autre chose. »

En analysant la situation par rapport au premier principe, vous constatez que Michel a subtilisé l'argent de la banque sans me demander conseil. S'il l'avait fait, je l'aurais empêché de prendre un tel risque. Dès lors, s'il peut se passer du conseil d'un ami avisé, comment ne pas se passer de son aide ?

Pourquoi devrais-je acheter son problème ? Son salaire mensuel étant de 700 $, pouvait-il rembourser cet argent sans difficulté ? Et si oui, en combien de temps ?

Bien qu'il parlât d'un prêt, en homme d'affaires, je savais qu'il voulait dire « donne-moi 4 000 $ », soit l'équivalent de quarante chèvres afin de payer mes erreurs.

Concernant le deuxième principe, j'ai des ouvriers et des collaborateurs qui travaillent dans mes entreprises. Ils sont une contribution directe à ma fortune. Pourtant, pour une bonne gestion, mes sociétés ne leur prêtent pas. Ils sont invités à se rendre à la banque pour prendre un crédit. Comment moi, qui refuse de donner un prêt à mes employés, pourrais-je l'octroyer à quelqu'un d'autre qui ne travaille pas pour moi, mais pour une banque ?

Pourquoi mon entreprise devrait-elle lui faire crédit alors que celle pour qui il travaille, qui est également sa banque, ne le fait pas ?

Enfin, quant au dernier principe, celui du respect de l'intention de l'épargne, je ne l'ai jamais transgressé. Pourquoi économiser pour l'investissement, si l'on peut le dépenser pour satisfaire le premier besoin qui se présente ? C'est une erreur grave de jugement, croyez-moi ! Ce sont les pauvres qui pensent ainsi. Aucun riche digne de ce nom ne commettra ce genre d'erreurs.

Humainement, j'avais pitié de cet ami, mais grâce à l'application des principes, j'ai évité de perdre 4 000 $, soit quarante chèvres de ma mère. Plus haut, je vous ai parlé de la répartition de mon salaire et de nos revenus. Dans quelle rubrique devrais-je piocher les 4 000 $ pour les prêter au jeune homme ? Vous pourrez me répondre le jour où le hasard fera se croiser nos chemins.

Partout à travers le monde, les hommes ont leurs folies et leurs préoccupations. En Afrique, où la majorité de la population est démunie, les pauvres ne sont responsables de rien ni de personne. En conséquence, ils pensent à tort que d'autres ont toujours suffisamment d'argent pour payer leurs caprices et irresponsabilités. Tout homme sensé devrait comprendre ce drame et éviter de perdre son argent dans ce genre de pièges sophistiqués.

5. Triompher de la tradition de pauvres

Le succès et l'enrichissement sont d'abord une responsabilité personnelle. Je n'aime pas être celui qui doit vous dire ce genre de vérité, mais laissez-moi vous le dire, car c'est très important pour votre avenir financier : en Afrique, il vaut mieux être pauvre que de vouloir devenir riche sans être préparé au préalable à faire face à certaines réalités africaines, dont les sollicitations de toutes sortes. Qu'est-ce que cela signifie-t-il exactement ?

D'après mes observations, la classe moyenne, ou ceux qui ont semblé réussir en Afrique, ont voulu résoudre tous les problèmes du clan. Qu'en a-t-il résulté ? Ils sont tous morts jeunes, entre quarante et cinquante-cinq ans, laissant tous les parasites en vie avec leur femme, leur épouse et leurs enfants. Si vous en doutez, j'ai plusieurs exemples pour vous prouver mes dires. Observez bien autour de vous et vous finirez par trouver ce genre de cas.

Je pense que mon père, celui qui a laissé derrière lui les troupeaux de chèvres, était aussi victime de ce genre de pratiques culturelles. En effet, il devait résoudre les problèmes de tous ses neveux, nièces, frères et sœurs. En conséquence, il est mort jeune. Et les mêmes qu'il a aidés mirent à la porte ses enfants et gaspillèrent ses avoirs. Mais il était d'une génération qui ne pouvait pas encore remettre une tradition en cause.

Chez les familles issues de ma contrée, appliquant le système matriarcat, le neveu d'un tel dira à son fils : « Quand ton père, mon oncle, mourra, je vais vous faire chasser de cette maison, car elle appartient à moi, le neveu. » N'avez-vous jamais entendu ce type de raisonnement ? Sachez qu'ils sont courants dans certains coins d'Afrique. Des neveux n'attendent que la mort de leurs oncles afin de s'emparer de leurs biens, car la tradition leur en donne le droit.

Lors d'un séminaire, j'expliquais ces problèmes typiques d'Afrique à un groupe d'hommes d'affaires et de cadres. À la fin, l'un d'eux m'invita pour partager un repas chez lui. C'est alors qu'il m'avoua être victime de ce genre de situations. Il habitait la capitale du pays. Un jour, il s'était acheté une voiture neuve. Lorsque la nouvelle parvint dans sa contrée, ses neveux ne tardèrent pas à l'appeler pour lui dire : « Prends bien soin de *NOTRE* voiture. »

Pour eux, ce bien appartenait à tous les neveux. L'un d'eux, qui habitait la même ville que lui, venait très souvent pour laver la voiture et l'admirer. Inconsciemment, mais silencieusement, il se disait que cette dernière lui appartenait et, par conséquent, qu'il devait en prendre soin. L'homme m'avoua avoir compris à présent un phénomène qu'il ne saisissait pas avant, même s'il en souffrait sérieusement.

Beaucoup de pauvres en Afrique ont leurs yeux rivés sur les voitures et maisons de leurs oncles. Ils espèrent devenir riches après la mort de ces derniers. Je voudrais que vous réfléchissiez un peu. Vaut-il vraiment la peine d'attendre la mort d'un oncle pour posséder une voiture ? L'automobile peut s'user avant même la mort du propriétaire. En plus, elle ne constitue qu'un moyen de déplacement. Comment quelqu'un sans revenu suffisant peut-il entretenir une voiture ?

Pour moi, nous sommes dans une société mal éclairée. Il n'est pas question pour moi d'être négatif. Cependant, je voudrais ouvrir vos yeux sur des réalités culturelles qui peuvent gravement vous nuire et vous empêcher de réussir financièrement.

Lorsque les gens s'aperçoivent que vous avez un peu d'argent, leur tendance est de vous soumettre tous leurs problèmes et tracas. Je vais illustrer mes propos par un exemple intéressant. Un jeune assistait à mes formations sur le succès. Il me raconta qu'un jour il avait trouvé un bon emploi payé près de 1 500 $ le mois. Lorsque son clan s'en aperçut, les membres lui soumettaient chaque mois un problème, ce qui lui coûtait plus de 1 000 $.

Chaque fois qu'il tentait d'expliquer qu'il ne pouvait pas chaque mois faire face à une dépense aussi élevée, on lui répondait aussitôt : « Toi, tu gagnes une fortune. Tu ne devrais pas manger cet argent tout seul avec ta femme. Tu peux aider ta sœur ou ton frère avec seulement 1 000 $! » Comment, avec les 500 $ restants, pouvait-il payer le transport pour se rendre au travail, le loyer et la nourriture ?

Tant que j'étais pauvre, je vivais paisiblement et tranquillement ma petite vie. Lorsque tout le monde s'aperçut que j'avais un peu d'argent, je reçus des demandes de prêt de toute part, via des mails, des SMS et des appels. Chacune de ses sollicitations était formulée de manière à m'émouvoir profondément et à percer mon cœur.

L'un disait : « Ma situation est tellement préoccupante que, si tu n'agis pas, tu apprendras sous peu que je suis mort. » L'autre soulignait : « Souviens-toi de notre amitié de longue date et viens-moi en aide, ne serait-ce qu'avec 3 500 $, c'est sacrément urgent ! »

La liste de ces exemples est longue. Je vous préserve de tout vous raconter. Le plus important pour moi est de vous apprendre la meilleure manière d'agir en de pareilles circonstances pour que vos économies ne soient pas volées par ces personnes intelligentes.

Voici donc la stratégie que j'utilise pour faire face à des demandes innombrables que je reçois chaque jour :

1. Je dresse une liste, par ordre chronologique, de toutes les demandes et fais la somme totale de l'argent sollicité (par jour, par mois et par année). Pour y parvenir, j'exige à celui qui sollicite une aide financière de m'indiquer un montant, précis ou approximatif.

Très souvent, ces individus n'aiment pas mentionner le chiffre. Sur mon insistance, ils finissent toujours par dire : « Plus ou moins autant, mais tout dépend de vos moyens. »

2. Je dresse une autre liste sur le même modèle, mais en ordre de priorité et de gravité des situations des sollicitants. En général, la somme moyenne des demandes se situe autour de 10 000 $ par jour, soit 300 000 $ le mois ou 3 600 000 $ l'année. Vous rendez-vous compte ?

Demander l'assistance est la chose la plus simple à faire. C'est un mal de la société. Je prends la liste et fais une prière en disant : « Seigneur, vois cette misère et sauve ton peuple. » Puis, je ne donne satisfaction qu'à ceux qui se trouvent en tête de la liste des priorités (non pas en fonction du montant demandé, mais de l'argent disponible dans la rubrique « Aide »). À tous les autres, je leur réponds négativement.

Aujourd'hui, grâce à Dieu, on me demande de moins en moins. En effet, à force de dire non, nombreux ont cessé d'eux-mêmes tout contact avec moi. J'ai alors compris qu'une relation peut être fondée sur un intérêt quelconque ; si ce dernier n'existe plus, on prend de la distance. Maintenant, ce sont de nouvelles connaissances qui tentent leur chance. Je sais que vous direz que je suis méchant, surtout si vous êtes dans la pauvreté.

Mais laissez-moi vous poser une question : si vous ne gagnez pas des millions, croyez-vous être en mesure de satisfaire à une telle liste si coûteuse ? Je sais que vous êtes intelligent, sage et réaliste. La preuve, vous lisez ce livre. Alors, appliquez le principe : « Ne faites jamais cette erreur chez vous. »

Si vous me connaissez personnellement et êtes tenté de me demander l'argent, pensez à la liste. Peut-être ne serez-vous qu'à la millième position.

Par principe, je dis que je ne peux pas voler pour assister quelqu'un d'autre, car cela constitue un péché, tout comme le fait de ne pas payer sa dîme pour prêter à un ami, ou ses employés pour assister son clan.

Dans les modules de formations que je donne, nous insistons sur plusieurs techniques pour survivre dans un environnement socioculturel anti-richesse. L'une d'elles consiste à se dire : « Un individu ne peut être une priorité pour moi si je ne suis pas une priorité pour lui. »

Et si je suis une priorité pour lui, il doit accepter que j'économise une partie de ce que je gagne pour l'avenir.

Cette logique n'est pas aussi simple que vous le croyez. Un jour, ma grande sœur que j'aime beaucoup m'expliqua un sérieux problème qu'elle traversait. Elle espérait une aide autour de 500 $. À sa grande déception, je lui donnai un billet de 100 $, soit une seule chèvre de ma mère. Elle me fit savoir que la somme était insignifiante.

Là-dessus, je lui demandai :

« Accepteras-tu volontiers un salaire de 500 $ si je te trouve une place dans mon affaire ?

— Oui ! Répondit-elle.

— Et accepteras-tu de ne pas être payé après un mois de travail, parce que je voudrais utiliser ton salaire pour mes besoins personnels? continuai-je.

— Non ! s'exclama-t-elle. Je mérite mon salaire, je ne peux pas travailler pour rien.

— Toi qui es ma sœur, tu ne peux pas travailler pour me donner 500 $, mais tu exiges que je travaille pour toi et t'apporte 500 $. C'est cela, la fraternité, selon toi ? »

Elle comprit aussitôt la leçon, de même que toute ma famille. À présent, nous avons des relations plus harmonieuses basées sur l'amour et presque plus sur l'exploitation.

Parfois, lorsque j'insiste pour savoir leurs problèmes, ils me disent joyeusement : « Nous avons des soucis, mais tu en as de plus grands. Nous ne voulons pas te perdre. Notre joie, c'est d'avoir un frère qui fait notre fierté. » Je pense que, le jour où vous aurez une famille comme la mienne maintenant, vous pourrez bien vous en sortir dans la vie. Mais c'est un long cheminement fait de tensions et d'incompréhensions.

Si vous voulez devenir riche, vous devez apprendre à être plus sage et plus intelligent que les pauvres autour de vous, sinon, vous n'aurez ni argent, ni famille, ni amis. La meilleure manière et la plus coûteuse de tuer ses amitiés, c'est de prêter de l'argent à ses amis sans discipline financière. Non seulement ils ne paieront jamais, mais en plus ils s'éloigneront de vous.

Moi, j'ai appris à perdre mes amis sans trop payer avec des chèvres de ma mère, l'argent épargné sacrificiellement.

La vérité est que l'homme peut changer sa vie en modifiant sa manière de penser. Pour devenir riche, il faut adopter le mode de pensée des riches et leurs stratégies. Ce mode de pensée est contraire à certaines de nos traditions et coutumes. Choisir, c'est sacrifier, dit-on. Si vous voulez percer, vous aurez certainement à sacrifier certains modes de vie archaïques.

Je vous ai donné beaucoup d'exemples pratiques dans cette section pour développer votre intelligence financière dans le contexte africain où la tradition est un obstacle au progrès personnel. Si vous souhaitez approfondir ce sujet, vous gagnerez beaucoup à assister à mes conférences, coachings ou séminaires. Pour le moment, poursuivons notre marche vers le quatrième escalier, « Le miracle de la prospérité. »

5

Cinquième partie :

Quatrième escalier vers la richesse : Opérer le miracle de la prospérité

Quelle que soit votre situation socio-économique actuelle, celle-ci peut changer. Vous pouvez un jour parvenir à l'autonomie financière et même devenir riche. Si vous croyez en Dieu, sachez que devenir riche est un miracle tout à fait possible pour vous. Ceci est plus qu'une conviction pour moi. Pour l'avoir vécu, je connais la pauvreté plus que quiconque.

Bien au début de ce livre, j'ai décrit ma vie socio-économique d'il y a plus de cinq ans auparavant. J'avais un revenu de 15 $ le mois. Dès lors, me fixer l'objectif de mettre de côté 50 $, soit l'équivalent du prix de la chèvre de ma mère, était un défi trop osé. Je ne voyais pas comment y parvenir.

Pourtant, vous savez que je suis sorti très vite de cette pauvreté. Certains ont vu cela comme un véritable exploit. Oui, c'est vrai, mais un exploit que quiconque peut faire s'il découvre et applique ce que j'appelle *la formule de la multiplication de la richesse.*

Elle vous permet, dirait-on, de changer votre clou en or, de faire croître votre fortune en progression géométrique ou exponentielle. Tous ceux qui ont fait fortune en partant de rien, des self-made-men, ont utilisé consciemment ou inconsciemment cette formule.

1. Quelle est donc cette formule ?

Avant de vous la révéler, permettez-moi de faire un pas en arrière afin de mieux comprendre ce que nous nous apprêtons à développer dans cette section.

Économiser une partie de tout ce que vous gagnez, au moins 10%, est le secret pour faire fortune, ai-je dit plus tôt. Mais, en réalité, cela n'est pas le secret entier, seulement sa première partie. Imaginez que vous gagnez 500 $ par mois. Il vous faut donc économiser 50 $ mensuellement. En un an, vous aurez ainsi mis de côté 600 $, en cinq ans 3 000 $ et, dix ans après, 6 000 $.

Selon cette logique d'économie, si vous commencez à capitaliser à trente ans et gagnez 500 $ le mois, vous aurez épargné à soixante ans 18 000 $. C'est déjà bien en comparaison avec celui qui n'aura rien économisé et se retrouvera donc sans rien en poche à cet âge, sinon plein de regrets. Mais cette somme est insignifiante pour prétendre devenir riche. 6 000 $ en dix ans, ou 18 000 $ en trente ans ne représente pas une richesse.

Je vais vous révéler une formule qui vous permettra d'atteindre 600 000 $ en dix ans, soit cent fois ce que vous aurez économisé sans celle-ci.

Elle ressemble à ce que fit ma mère. Elle trouva le moyen de faire multiplier non seulement sa chèvre, mais aussi les petits de cette dernière. De *Mussoluoni* naquit une chèvre et de ces deux bébés d'autres chèvres virent le jour. C'est ainsi que le troupeau s'agrandit.

En repensant à cette expérience, j'ai découvert que la multiplication fait partie de la nature des choses. Les maïs bien semés se multiplient. Le noyau de mangue bien planté se multiplie et donne plusieurs mangues. Les antilopes se multiplient. Les hommes se multiplient… D'après la même logique, l'argent aussi peut se multiplier comme des chèvres, des maïs, des mangues ou des hommes.

2. Investir ses économies pour les multiplier

De même qu'il faut faire le champ pour espérer multiplier le maïs, il faut aussi bien investir l'argent afin qu'il vous génère des profits et se multiplie. C'est le principe d'investissement.

C'est ce que j'ai découvert et appliqué. C'est aussi ce que vous devez faire si vous souhaitez vraiment devenir riche.

Bien investir son argent est le seul moyen universel et légal pour multiplier sa fortune. Sans cela, économiser pour économiser ne vous rendra pas riche. Proverbes 11 : 24b énonce : « Tel, qui épargne à l'excès, ne fait que s'appauvrir. » Voici une réflexion pour vous aider à mieux comprendre ce que je dis.

Si vous gardez dans votre coffre 1 000 $, combien d'argent disposerez-vous à la fin de l'année dans ce même coffre ? 1 000 $. Et si vous n'y soustrayez rien et n'y ajoutez rien, à quel montant s'élèvera votre capital dans dix ans ? Toujours 1 000 $. Pire encore, si vous déposez cet argent en banque dans un compte courant, chaque année cette somme va diminuer à cause des frais d'entretien de comptes et autres services connexes. Vous aurez économisé votre argent pour enrichir votre banque. Il faut donc l'investir afin qu'il grandisse.

3. Les différents types d'investissements

Nous allons maintenant décrire certains types d'investissements pour vous donner une idée de la matière.

A. Dépôt à terme

L'investissement le plus sûr et le moins risqué est d'ouvrir un compte épargne et d'y déposer vos économies. Au fur et à mesure que le temps passe, cet argent génère des intérêts cumulés, et en réappliquant chaque fois ce capital et ses intérêts, vous obtiendrez des intérêts plus importants.

Reprenons ici l'exemple de celui qui économisait 50 $ par mois, soit 600 $ par année. Imaginons qu'il fasse un dépôt à terme de ses économies annuelles pour un taux d'intérêt de 5% ; combien possédera-t-il avec le temps ?

N°	Année	Dépôt en $	Économie annuelle en $	Intérêt(5 %) en $	Richesse en $
1	I	600	0	0	600
2	II	600	600	30	1 230
3	III	600	1 230	61,5	1 891,5
4	IV	600	1 891,5	94,575	2 586,075
5	V	600	2 586,075	129,30	3 315,38
6	VI	600	3 315,38	165,77	4 081,15
7	VII	600	4 081,15	200	4 881,15
8	VIII	600	4 881,15	244	5 725,15
9	IX	600	5 725,15	286,25	6 611,4
10	X	600	6 611,4	330,57	7 541,97

En dix ans :

- Celui qui n'aura rien économisé aura 0 $.
- Celui qui aura épargné 50 $/mois dans une caisse aura 6 000 $.
- Celui qui aura économisé 50 $/mois appliqués en banque aura 7 541,97 $.

Ce dernier disposera donc 1 541,97 $ de plus, soit quinze chèvres de ma mère, qu'un individu ayant simplement économisé. Cela représente déjà une bonne avance.

B. Dépôt puis investissement

Le deuxième niveau consiste à utiliser à la fois le dépôt à terme et l'investissement. C'est un plan que je propose à ceux que je coache et qui ont un emploi fixe. L'investissement peut être un commerce, un achat ou la revente de biens ou services.

Imaginez que celui qui économise en dépôt à terme à la banque suive en même temps les cours sur l'art de bien investir. À la fin de la cinquième, il aura 3 315,38 $ en main.

Supposons qu'il décide d'investir son argent tout en gardant son emploi actuel. Il achète des super-wax et les revend à ses collègues et voisins. Il paie trente-trois pièces à 100 $ chacune et les revend à 115 $ l'unité en un mois. Il gagne 15 $ la pièce, soit 495 $ pour le mois. Voici comment va grandir merveilleusement son revenu.

N°	Année	Economie Anuelle en $	Dépôt en $	Intérêt(5%) en $	Richesse en $
1	***I***	600	***0***	0	600
2	***II***	600	***600***	30	1230
3	***III***	600	***1230***	61,5	1891,5
4	***IV***	600	***1891,50***	94,57	2586,075
5	***V***	600	***2586,07***	129,30	3315,38
		On lance son commerce de pièces et garde son emploi			
		Économie salaire en $		**Revenu vente en $**	
6	VI	600	-	5 940	6 540
7	VII	600	-	5 940	12 480
8	VIII	600	-	5 940	19 020
9	IX	600	-	5 940	25 560
10	X	600	-	5 940	32 100

En gardant le même job, mais en entreprenant la vente d'habits, après les cinq premières années d'économie, il arrive à obtenir un capital de 32 100 $, au lieu de 7 541 $ avec un simple dépôt à terme (voir tableau précédent). Il a donc un fonds suffisant pour commencer une affaire plus importante.

C. Investissement à plein temps

Dans le deuxième cas, nous avons parlé de garder son travail et, parallèlement, d'investir dans un commerce. Prenons maintenant un exemple extrême. Avec votre fonds de 32 100 $, vous décidez de devenir un entrepreneur et d'investir tout votre argent dans un business, plus précisément une boutique d'habillement dans un quartier chic de la ville. Vous êtes enfin employeur, n'est-ce pas ? C'est le rêve de tout employé. Ce capital bien investi, peut générer une fortune avec le temps.

4. Savoir protéger ses fonds

Gagnez ce que vous pouvez, et gardez bien ce que vous gagnez : voici le secret pour vivre loin des soucis du manque d'argent. Dans la section précédente, j'ai insisté sur la nécessité d'économiser pour se construire un capital pour son affaire. J'ai également affirmé qu'investir était le meilleur moyen d'augmenter sa fortune. Je vous ai d'ailleurs montré par quelques exemples comment un bon investissement peut vous rendre riche.

Mais il y a un autre élément que vous devez impérativement savoir si vous voulez devenir riche et le demeurer, protéger son patrimoine des pertes.

J'aime le dire et nombreux sont surpris. Il est plus facile de gagner de l'argent que de le conserver. Pourquoi ? Voici une histoire triste. Elle est similaire à celle de la chèvre de ma mère. Elle m'a été racontée par mon épouse.

Mon beau-père aimait élever les chèvres, bien que vivant en ville. Il finit par se doter d'un petit troupeau de dix chèvres. Mon épouse, alors enfant, ainsi que ses frères devaient prendre soin de ces bêtes. Chaque jour, ils les accompagnaient aux pâturages voisins où elles broutaient l'herbe et les ramenaient le soir. Après un temps, les chèvres, habituées au chemin à parcourir, s'y rendaient et y revenaient d'elles-mêmes. Les enfants conclurent qu'il ne servait plus à rien de marcher derrière elles.

Mais un beau jour, les bêtes, parties comme d'habitude, ne revinrent plus jamais. Elles avaient toutes disparu, emportées par un voleur. Quelle peine ! L'œuvre de tant de jours disparue en une journée. C'est ce qui arrive à ceux qui savent chercher l'argent, mais non le conserver.

Ma maman, quant à elle, n'a jamais souffert d'un tel préjudice. Pourquoi ? Tout simplement parce que nous prenions grand soin de notre chèvre et de son clan. Cette dernière passait toute la nuit devant notre case. Au moindre cri, toute la famille était debout pour vérifier que tout allait bien. Nous ne laissions jamais notre animal se rendre en brousse pour brouter l'herbe par crainte de la perdre.

Nous lui amenions de l'herbe et de l'eau au village. J'ai donc appris de cette expérience d'enfance comment protéger son bien contre les pertes.

Perdre son fonds est l'une de tristes choses qui arrivent à plusieurs qui se lancent dans les affaires. Pour vous éviter un sort semblable, nous allons aborder ici les pièges courants qu'il faut éviter.

5. L'escroquerie

L'escroquerie est une forme de vol sophistiqué. Elle peut prendre plusieurs visages. Vous perdez votre argent avec votre consentement après vous être convaincu, à tort, de l'opportunité d'une affaire. Lorsque l'on commence à gagner un peu d'argent, on est toujours tenté d'en percevoir plus et vite.

Mais le risque est toujours de tomber dans des pièges, du genre histoires attirantes promettant des gains rapides et presque magiques.

Je vais vous relater une histoire d'escroquerie qui peut vous rendre sage. Un jeune villageois rejoignit la capitale de son pays pour vendre sa marchandise, à savoir quelques sacs de produits agricoles. Sa vente lui rapporta environ 2 000 $. Ce qui n'est pas moindre pour quelqu'un vivant en milieu rural.

C'est alors qu'il fut abordé par un jeune homme qui lui dit posséder un diamant de grande valeur, autour de 100 000 $. Les prèmiers acheteurs ne voulant lui donner que 60 000 $, le vendeur lui suggéra de tenter de le céder à un meilleur prix dans un proche comptoir ; s'il réussissait à l'écouler à un prix minimum de 100 000 $, ils se partageraient le gain. Le villageois fut enchanté à l'idée d'obtenir une telle somme. Il s'empara de la pierre et se dirigea vers un comptoir. Le vendeur l'invita à lui laisser son sac. Face à l'hésitation de notre ami villageois, il lui expliqua qu'il n'avait rien à craindre, car la valeur de ce qu'il avait dans son sac était minime par rapport au coût du diamant.

Logique, non ? Le villageois laissa donc son sac avec ses 2 000 $ à l'intérieur. Arrivé au comptoir, il présenta la pierre précieuse pour connaître le prix qu'on lui offrirait. On lui fit savoir immédiatement que ce n'était pas un diamant, mais un simple morceau de verre. Déçu, il courut pour retrouver le propriétaire et lui rendre son bien. À son arrivée, le jeune avait déjà disparu avec son sac.

Le villageois se mit à hurler, car il n'avait même plus de quoi se payer son transport pour retourner chez lui. Le gain de plusieurs années d'effort fut perdu en un jour par manque de prudence.

Oui, la tentation de gagner beaucoup d'argent pousse généralement les moins expérimentés à tomber dans des pièges d'escroquerie. Dans le business, le premier critère d'investissement, c'est d'abord la sécurité de votre fonds. Le risque doit être bien calculé.

Bien qu'investir soit indispensable pour accroître sa fortune, il s'agit toutefois d'une opération très risquée qui exige études, analyses et réflexion. Il faut éviter de se laisser conduire par l'instinct du jeu au risque de tout perdre.

Avant de s'engager dans une spéculation, assurez-vous d'abord que votre capital est en sécurité et prenez connaissance des risques qu'engendre une telle entreprise.

A. Les abus de confiance

Je vous ai raconté mon succès dans les affaires, qui a commencé en 2007. Je n'ai heureusement jamais connu de fausses affaires ou très peu, cela parce que j'avais déjà appris à être prudent avant de m'engager en quoi que ce soit. Mais, avant cette date, j'avais déjà été abusé, car je marchais en méthode aveugle.

Voici un autre exemple personnel d'échec qui peut vous prévenir d'une erreur future. Vers les années 2003, j'étais étudiant en philosophie. Un monsieur, nommé Fédor, me convainquit de faire affaire avec lui. Je devais lui donner une somme pour vendre du crédit téléphonique et nous nous partagerions les intérêts. Il m'avait bien exposé l'affaire et le gain était évident. J'approuvai et lui donnai l'argent. Aussitôt, il prit ses distance et disparut, gardant fonds et intérêts.

En général, la majorité des individus autour de nous n'ont pas la culture des affaires. Ils ne sont pas préparés à partager les gains d'une affaire avec des associés. Ils vous parlent d'affaire avec promesse de partager le gain, juste pour avoir votre argent. Une fois celui-ci acquis, ils ne tiennent plus parole. C'est l'une des formes courantes d'escroquerie.

Se protéger des profiteurs est une règle de conduite dans le business. Si vous voulez démarrer une affaire ou bien réinvestir vos économies, il est possible que certaines personnes tentent de vous rouler et de voler malignement votre argent. Alors, faites très attention : si une histoire vous paraît trop belle pour être vraie, suivez votre instinct ! Par prudence, faites toujours une recherche minutieuse et ne sautez jamais trop hâtivement sur des occasions en apparence trop parfaites.

Si quelqu'un devient trop insistant et vous pousse à prendre une décision pour investir rapidement, il faut le fuir. C'est probablement un escroc.

B. Mauvaise estimation des coûts

Tout investissement exige un coût quelconque avant de générer des revenus. Il est donc impérieux de bien estimer le coût d'un projet au risque de vous voir entraîner dans une aventure financière qui engloutira vos économies.

Il est sage de ne pas s'engager dans un projet qui exige plus d'argent que vous n'en disposez. Voici un exemple. Vous possédez un capital de 5 000 $ pour commencer une nouvelle affaire. Le coût global de cette dernière ne peut pas dépasser 4 000 $. Ainsi, vous aurez un solde positif de 1 000 $ pour faire face à des imprévus ou dépenses supplémentaires qui peuvent surgir.

Malheureusement, des novices dans des affaires aiment à sous-estimer les coûts lors de la conception d'un projet, et après avoir dépensé tout leur avoir, se rendent compte en retard qu'ils n'avaient pas un fonds suffisant à la hauteur du besoin d'un projet.

L'histoire du vieux de chez moi

Dans une petite ville de mon enfance vivait un commerçant qui avait sa boutique de vente en détail. Son nom était Belisa. Il accumula une petite fortune de presque 50 000 $ après plusieurs années de travail. Un jour, il apprit qu'il pouvait importer de la Chine. Séduit par cette idée, il retira tout son argent de la banque et se rendit dans ce pays acheter des marchandises. Sur place, il trouva que le prix des articles était très bas.

Il en profita pour acheter toutes sortes de produits ; il gaspilla ainsi presque tout son argent. Puis il revint au pays attendre l'arrivée des containers. Finalement, lorsque les marchandises parvinrent au port de dédouanement, on lui annonça des taxes et frais de douane très élevés. Il tenta en vain d'emprunter de l'argent à des amis et connaissances. Le terme fixé pour régler le coût ayant été dépassé, sa marchandise fut vendue par l'État aux enchères et il se retrouva sans un sou.

Certes, le vieux du village n'avait pas eu tort d'aller en Chine, mais son erreur fut de se lancer dans un projet plus coûteux et sans connaissances appropriées du business. Si vous parlez avec des gens qui ont fait faillite dans les affaires, ils vous diront avec regret avoir été victimes de cette tendance à trop oser avec des fonds disponibles limités.

Beaucoup de personnes de mon entourage proche aiment à se lancer dans des projets en se fichant de mes conseils et orientations. Malheureusement, lorsqu'elles se retrouvent coincées, elles accourent alors vers moi pour solliciter non pas mes conseils, mais mon argent. Je réponds toujours non ! Celui qui ne peut pas être conseillé ne peut pas être secouru.

Si vous êtes trop grand pour demander conseil aux plus expérimentés, ceux-ci se sentent à leur tour trop grands pour payer les conséquences de votre orgueil. Les vrais hommes d'affaires sont souvent très disciplinés. Si vous voulez en devenir un, ne faites pas ce genre d'erreurs et n'en faites pas faire aux autres.

Vouloir vous lancer dans les affaires est une bonne chose. Seulement, vous avez besoin d'une bonne préparation. Elle est la clé du succès dans n'importe quelle entreprise. Agir à la méthode aveugle est la meilleure manière d'échouer. Dans mon premier livre intitulé *45 secrets pour réussir dans la vie,* le 28ème secret évoque cette bonne préparation.

Vous gagnerez beaucoup à lire cet ouvrage, car une mauvaise préparation ou son absence est souvent facteur d'échec dans les affaires.

Il vous faut une préparation mentale, intellectuelle et financière. Vous devez vous construire un plan d'affaires qui prend en compte les tendances du marché, une bonne planification financière, une bonne analyse des compétiteurs, une bonne élaboration des stratégies de mise en marché ainsi qu'une étude marketing. De bonnes affaires ne sont pas le fruit d'un hasard, elles sont issues de minutieuses études préalables.

Nous ne sommes pas à l'époque de ma mère où les chèvres n'avaient pas besoin de connaissances appropriées pour se multiplier.

C. La rivalité avec votre entourage

Il existe un piège classique que j'appelle « la rivalité avec votre entourage ». Il vous fait perdre souvent de l'argent en vous incitant à dépenser beaucoup, dans le seul souci d'épater votre entourage et paraître riche. Il pousse à acheter des habits, des voitures ou des équipements de maison qui coûtent cher et sans tenir compte de l'équilibre financier à long terme.

L'homme aime accumuler des choses qui ne servent à rien. En agissant de la sorte, vous ne deviendrez pas riche, bien au contraire, vous vous plongerez dans une pauvreté puante et dans une vie de mendicité.

Comme a déclaré Benjamin Franklin, « L'orgueil de vouloir paraître riche est une vraie malédiction », « Avant de consulter votre fantaisie, consultez votre bourse » et « Le pauvre qui singe le riche est véritablement aussi fou que la grenouille qui s'enfle pour égaler le bœuf en grosseur ».

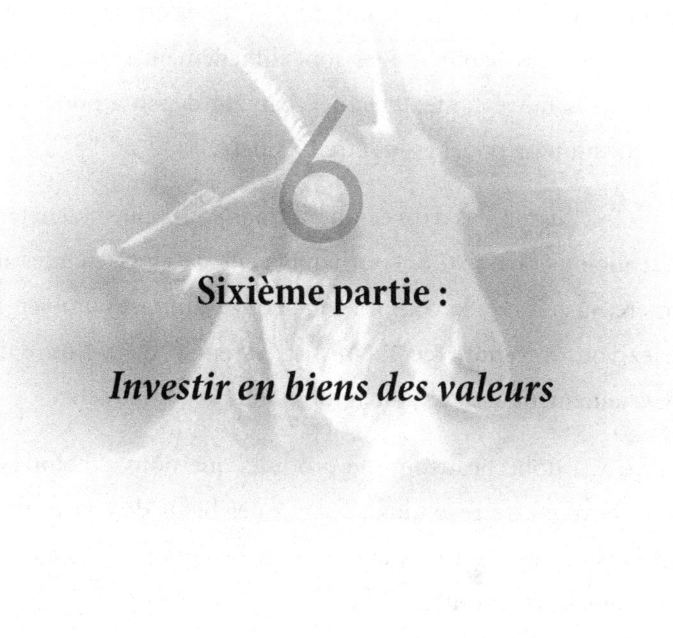

6

Sixième partie :

Investir en biens des valeurs

Dans cette section, nous allons aborder un type particulier d'investissement, celui en biens de valeur. Cela consiste à acquérir des biens que l'on peut éventuellement revendre lorsque le besoin l'exige.

Supposons que vous payez un nouveau pantalon jeans à 10 $. Pouvez-vous le revendre à un prix égal après l'avoir porté pendant six mois ? Les habits usagés sont difficilement revendables, surtout dans notre contexte actuel. L'argent dépensé pour une telle acquisition ne pourra plus être récupéré.

C'est aussi le cas d'un écran plasma. Vous pouvez acheter cette technologie à 2 000 $, soit l'équivalent de vingt chèvres de ma mère, juste pour le confort dans votre salon. À combien pourriez-vous revendre ce même écran après deux ans d'usage ? Certainement à un prix bien moindre que celui d'achat.

Il y a donc beaucoup de produits que nous achetons et qui ne peuvent être revendus. Ce sont des biens de consommation. À l'instar des arachides que vous grillez pour manger et qui ne peuvent se reproduire.

Par contre, certains biens sont des actifs, donc des biens de valeur que l'on peut revendre à prix égal ou plus élevé.

Un premier exemple est celui des bijoux en matière précieuse comme l'or. Si vous achetez un bijou en or à 500 $ aujourd'hui, vous pouvez le revendre à un prix plus élevé cinq ans plus tard.

En effet, l'or est un métal précieux qui ne se dévalorise pas. Voici dans quoi vous pouvez investir votre argent.

Un autre exemple, les biens immobiliers, comme une parcelle ou une maison. Si vous habitez en ville, vous savez que le prix d'une parcelle s'accroît sans cesse. J'ai un ami qui a acheté un lopin de terre à 4 000 $ il y a quatre ans et qui l'a revendu 35 000 $, car le quartier a beaucoup évolué.

Lorsque vous achetez votre propre maison, cela peut vous épargner la douleur constante de payer le loyer. C'est donc une bonne chose d'investir dans l'acquisition d'une maison plutôt que dans celle d'une voiture.

Cependant, si vous voulez réussir dans les affaires, n'investissez pas tout votre argent dans votre maison, car ce n'est pas un actif. Je partage le point de vue du grand conférencier Robert Kiyosaki, l'auteur du best-seller *Père riche, père pauvre*, qui affirme que votre maison n'est pas un investissement ou une source de revenus. Malheureusement, la majorité des gens qui ont un emploi fixe n'ont comme investissement que leur résidence.

Vous connaissez cette génération de nos pères qui construisaient de grandes maisons souvent inachevées et mal entretenues.

Imaginez que vous investissez tout votre argent dans la construction de votre maison. Si, un jour, vous souhaitez récupérer cet argent, il vous faudra revendre votre bien. Mais il est difficile de trouver un preneur.

Un de mes proches a commis une telle erreur. Il a aidé un homme d'affaires chinois à s'installer au pays. Celui-ci le récompensa en lui prêtant 800 000 $. N'ayant aucune expérience dans l'investissement, mon ami se construisit une maison à 500 000 $ et s'offrit deux grosses voitures. Pour avoir tout investi dans l'habitation et quelques commodités, il est toujours employé chez le même Chinois. Voyez-vous l'argent sans intelligence financière à aussi peu de valeur que le sable.

1. Dépenser sans économiser vient d'une programmation de la mort

Le psychologue américain William James a découvert que « l'homme peut changer sa vie en changeant sa manière de penser. » Notre façon de penser habituelle forme notre programmation ou conditionnement. Nous sommes donc programmés pour dépenser ou pour économiser. C'est cette programmation du passé qui détermine le destin financier d'un homme.

Être programmé pour la pauvreté, c'est l'être pour dépenser tout ce qui passe entre nos mains. Et cela semble être le cas pour la grande majorité d'entre nous.

Mais d'où nous vient notre programmation mentale ? Personne ne naît avec une programmation quelconque. À la naissance, nous sommes comme des ordinateurs vierges. Nous sommes programmés par notre formation première qui inclut toutes nos expériences vécues et nos habitudes. J'ai constaté que nombreux d'entre nous sont conditionnés à dépenser beaucoup plus qu'ils produisent.

C'est ce que j'appelle la programmation de la mort, source de pauvreté, de misère et de honte. Mais pourquoi sommes-nous formatés ainsi ?

Dépenser fait partie de la vie. Pouvez-vous vivre sans ne rien dépenser ? Impossible ! D'ailleurs, c'est un acte que la majorité d'entre nous apprennent depuis la naissance. Vous n'avez pas besoin d'aller à l'université pour apprendre à acheter. Un enfant apprend beaucoup dans la vie par des exemples qu'il voit. Dès le jour de sa naissance, il voit ses parents dépenser (maternité, habits, nourriture, maison, voiture...). Les parents sont comme une institution de crédit pour leur progéniture. Parfois, ils lui enseignent cet art de dépenser en lui donnant des pièces d'argent pour acheter des bonbons chez le vieux de la boutique du coin.

L'enfant est désormais programmé à la dépense, à la pauvreté. Cet acte fait partie de ses réflexes et de son mode de vie. Inconsciemment, il croit que vivre signifie dépenser continuellement. Certains finissent malheureusement par prendre plaisir à le faire, pensant à tort que plus ils dépensent plus ils réussissent dans la vie. Mais ceci est une illusion, source de la misère pour la grande majorité.

Que savent les enfants sur la production ? Rien du tout. Ils ignorent qu'il faut produire avant de dépenser. On leur dira simplement de temps en temps :

« Va à l'école, obtiens un bon diplôme et trouve un emploi pour pouvoir dépenser, dépenser, dépenser… »

Malencontreusement, on réalise tard dans la vie que nous sommes dans une société où, parfois, le seul fait d'avoir un bon diplôme ne suffit pas pour avoir un travail décent. La réalité des chômeurs-diplômés est un fait de société très présent. Et d'ailleurs, quand bien même on trouverait ce fameux emploi, la rémunération n'est pas toujours suffisante pour couvrir toutes les dépenses permettant de satisfaire à ses besoins réels et celles commandées par notre programmation de la mort.

Apprendre à dépenser plus qu'à produire, c'est une vraie malédiction de la vie, mais qui, hélas ! reste à la mode partout.

Le plus grand progrès que l'on peut faire sur son chemin de réussite, c'est savoir se débarrasser de la programmation centrée sur le cycle infernal des dépenses pour la remplacer par une programmation à l'épargne et à l'investissement. Plus tard, j'ai découvert dans les grands livres sur l'enrichissement que l'épargne et l'investissement constituent les deux facettes d'un secret qui permet aux hommes de faire fortune en partant de strictement rien et de multiplier constamment leur richesse.

Personne ne deviendra aisé à force de dépenser sans rien épargner. Il est bon de le savoir.

2. L'art d'investir son argent avec succès

Beaucoup de gens savent chercher l'argent et peuvent le trouver, mais ignorent comment le garder et le faire fructifier. Savoir bien investir son argent est l'une des bonnes choses à apprendre dans la vie. J'espère que les exemples cités vous serviront de leçon si vous voulez vous engager sur la voie de l'indépendance financière.

Lorsque j'épousai ma femme, j'avais déjà le fameux capital de 3 500 $. Je lui expliquai donc ce principe de l'épargne et de l'économie. Dieu merci ! elle le comprit vite et adopta ma vision des choses. Avec notre petite fortune, notre entourage nous conseilla de louer une maison, d'acquérir des meubles et des habits, afin d'impressionner les autres et de renvoyer une image de personnes riches.

Mais, motivés par l'histoire de la chèvre de ma mère, nous résistâmes à cette grande tentation de dépenser avant de faire fructifier notre argent.

Au lieu de louer une maison pour vivre, nous décidâmes de prioriser les affaires. On loua une modeste boutique dans laquelle nous vivions afin d'économiser nos petites rentrées d'argent. On y dormait à même le sol, sur un simple matelas. Nous n'utilisions le téléphone que pour recevoir des appels.

Et la nourriture ? Ma femme faisait la cuisine une fois tous les deux jours. Nos amis trouvaient ce style de vie assez loufoque. Pour nos familles, il était une source d'humiliation. Mais nous étions déterminés à nous sacrifier pour notre avenir.

Nos voisins travaillaient dans la fonction publique et avaient de bons salaires réguliers. C'était également le cas de notre bailleur de notre petite boutique, qui, âgé seulement d'une trentaine d'années, avait déjà une maison, une voiture et une boutique qu'il nous louait. Au début, il était réticent à ce que cette dernière nous servît de lieu de vie. Mais heureusement que, pris de pitié, il nous laissa continuer notre vie.

Nos voisins ainsi que la majorité de la population étaient programmés pour dépenser en conséquence. Ils achetaient sans calcul dans notre petite boutique. C'était comme s'ils étaient obligés de dépenser tout leur argent avant la fin du mois. Cette habitude de prioriser toujours la jouissance du temps présent me fait penser à nos cousins et leurs chèvres. Tous sont encore au niveau où ils étaient et certains ont même beaucoup régressé et marchent , car incapables à pieds de s'acquérir une nouvelle voiture.

Dieu vit nos sacrifices et nous bénit beaucoup. Après six mois d'économies intenses (nous épargnions presque 90 % de nos revenus), nous avions réuni 6 500 $, ce qui représentait un troupeau de soixante-cinq chèvres.

C'est alors que nous fîmes notre premier investissement conséquent. Dieu aidant, ce nouveau commerce était plus intéressant. La boutique disposait d'une chambre derrière, où nous pouvions y passer nos nuits. Notre objectif était d'atteindre un fonds de 15 000 $. Grâce à notre habitude d'épargner et à notre stratégie de bien investir tout ce que l'on gagnait tous les six mois, notre capital grandit et atteignit 15 000 $ un an plus tard.

Après une étude très minutieuse, nous fîmes un très bon investissement et engageâmes trois ouvriers.

Nous avions déjà acquis une grande habileté d'épargne et d'étude pour bien investir. Aujourd'hui, suivant le même cycle, nous avons construit une entreprise qui comporte quarante-cinq ouvriers, dont une quinzaine de cadres universitaires gagnant en moyenne 2 500 $ par mois. Nous n'avons jamais contracté un crédit bancaire bien que nous soyons aujourd'hui qualifiés pour des crédits importants.

Nous avons été sélectionnés parmi les petites et moyennes entreprises les plus performantes par une banque locale en 2014. Nous avons acquis notre maison dans un quartier chic de la ville, de grosses voitures américaines, voyageons à l'étranger et avons une situation stable, alors que nos voisins sont restés au même niveau à cause de leur programmation à la dépense au détriment de l'épargne et de l'investissement.

Nous avons percé grâce à un seul secret : changer la vieille programmation mentale basée sur les dépenses pour celle des riches fondée sur l'épargne et l'investissement.

La fortune financière, comme le troupeau des chèvres de maman Monique, n'est rien d'autre qu'un océan fait de petits ruisseaux d'épargne quotidienne. Notez que les océans sont formés de multitudes de cours d'eau. Benjamin Franklin déclara :

« Tout celui qui gagne tout ce qu'il peut gagner honnêtement et qui épargne tout ce qu'il gagne excepté les dépenses nécessaires ne manquera pas de devenir riche. Loi de cause à effet. » Le même principe est mentionné dans l'ouvrage *L'homme le plus riche de Babylone* de George Clason que je vous recommande.

Je vous ai relaté mon histoire et celle de la chèvre de ma mère pour vous convaincre que vous pouvez aussi changer votre vie si vous cultivez de nouvelles habitudes, dont celle d'économiser une partie de ce que vous gagnez. Quels que soient vos revenus actuels, vous pouvez devenir riche si vous gardez une partie de vos revenus. Le futur, ai-je dit, ne sera pas nécessairement égal au passé ni au présent, à condition d'apprendre à économiser et à investir son argent.

Dans le cas contraire, vous serez à la merci de la pauvreté et dépendrez des instituts de sécurité sociale qui n'offrent aucune sécurité à personne.

Êtes-vous tenté de dépenser tout ce que vous gagnez ? Savez-vous que chaque billet de 100 $ que vous gagnez équivaut à une tête de chèvre ? Savez-vous également qu'un troupeau peut naître d'une seule chèvre ? Et qu'un billet de 100 $ peut engendrer une fortune ?

Actions à faire

– Économiser au moins 10 $ sur chaque billet de 100 $ que vous gagnez. Ne dépensez jamais cet argent, quelles que soient les pressions.

– Lisez un livre sur l'économie. Je vous suggère *L'homme le plus riche de Babylone* de George Clason.

– Réglez vos dettes et ne vivez pas au-dessus de vos moyens.

Pensée à méditer

De même que l'océan est formé de petits ruisseaux qui s'y versent, toute fortune (aussi grande soit-elle) est faite de petites économies accumulées dans le temps et bien investies.

3. D'autres causes profondes de la pauvreté

Lorsque j'ai entrepris d'écrire ce livre, mon intention était de parler uniquement du secret de la chèvre de ma mère, l'économie et l'investissement, pour devenir riche et prospère. C'est la fameuse loi que j'avais apprise de l'expérience de la chèvre de ma mère et qui m'a permis de réussir financièrement.

Cependant, alors que de nombreux individus étaient très enthousiastes à l'idée de connaître cette histoire, car voulant l'appliquer, d'autres, au contraire, étaient totalement indifférents, le succès financier en lui-même ne les attirant pas du tout. C'est le cas de la grande majorité des chrétiens africains. Ils ressentent un blocage. Dès lors, il m'a semblé important de placer ici certaines causes profondes qui créent une résistance interne à la prospérité.

Vous venez de lire l'histoire d'un homme qui a réussi en partant de strictement rien. Dites-moi sincèrement, quel est votre sentiment en lisant cette histoire. Êtes-vous content ou indifférent ?

Pourquoi cette question ? Plusieurs personnes se sentent bousculées dans leur foi lorsque je leur parle de prospérité et de richesse. Les pauvres sont allergiques à l'argent, mais ce sont aussi eux qui passent toute leur vie à travailler dur pour essayer d'en obtenir. J'ai fait ce constat lors de mes tournées et conférences dans plusieurs coins du globe.

Dès que vous osez leur parler de la possibilité de gagner de l'argent, pour eux, ils entendent qu'il faut entrer dans des sciences occultes, magie ou fétichisme. Voilà pourquoi je dis toujours qu'un pauvre croit en Dieu, mais jamais à l'abondance qui vient de lui.

Un jeune dans mon église me demanda un jour : « Frère, réussir implique-t-il nécessairement d'avoir beaucoup d'argent ? » D'autres ont même ajouté que l'argent n'était pas plus important que l'amour. Je rencontre souvent ces types de résistance auprès des personnes les plus fauchées. Je répondis à ce garçon : « Peut-on être une bénédiction pour soi-même, pour sa famille ou pour sa communauté lorsqu'on ne peut même pas se prendre en charge ? »

Si vous avez réussi sur d'autres plans, votre succès dans la vie sera incomplet si vous avez échoué sur le plan financier dans un monde où les biens et les services sont échangés moyennant l'argent. Quant à l'amour, j'ai toujours répondu que ce n'est pas parce qu'il est important que l'argent cesse de l'être. Chaque chose a son utilité. Votre tête est-elle plus importante que votre cœur ? Vous avouerez que les deux sont tout aussi essentiels.

Chacun a son rôle. Il en est de même de l'argent et de l'amour. Chacun a son rôle dans certains domaines et certaines circonstances.

Si vous demandez la main d'une fille, on n'exigera pas de vous que vous l'aimiez, mais que vous apportiez une dot. Si vous voulez étudier dans une bonne université, on ne vous demandera pas l'amour, mais l'argent des frais académiques. Si vous voulez construire votre maison, les architectes et les maçons ne demanderont pas l'amour, mais l'argent. Je pense que l'argent a aussi son importance dans certains cas. Certes, il n'est pas plus important que l'amour, que la paix du cœur, que la richesse intérieure, mais il a aussi son importance dans la vie. C'est une forme de bénédiction particulière que Dieu ajoute à votre santé et à votre succès.

4. Mais pourquoi beaucoup de chrétiens sont-ils pauvres ?

Dans mon livre, *Pouvez-vous devenir riche et aller au ciel*, j'ai développé longuement cette mauvaise conception négative que certains ont sur l'argent. Les chrétiens n'aiment pas l'argent. Par voie de conséquence, ils se complaisent dans la pauvreté. C'est ce que le catéchiste du temps colonial leur a appris et ils ne veulent pas changer cette pensée.

Nous vivons dans un monde où il y a plus de pauvres que des riches. La grande majorité de la population mondiale ne parvient pas à jouir de la liberté financière. La plupart des adultes sont professionnellement frustrés et insatisfaits de leur rémunération.

Pourtant, aujourd'hui, grâce à Internet, nous savons que plus de vingt milliardaires, dont deux noirs (Opra et Aliko Diakote), sont partis de rien. D'ailleurs, chaque année, plusieurs personnes à travers le monde deviennent millionnaires.

Et même s'il n'est pas question pour vous de devenir millionnaire, vous pouvez au moins changer vos conditions de vie pour être financièrement à l'aise. Chacun de nous a en lui un pouvoir naturel pour faire fortune, croyez-moi. Et, quelle que soit votre situation d'aujourd'hui, votre avenir peut être différent. Et l'avenir, c'est là où nous passerons la plus grande partie de notre vie.

Dans mon premier livre *Les 45 secrets pour réussir dans la vie*, j'insiste sur une vérité profonde : « Naître pauvre ne condamne personne à la pauvreté et à la misère. » Je suis heureux que plusieurs de mes lecteurs aient réussi à transformer leur vie. La vérité libère. Disons qu'il est difficile de tromper celui qui connaît !

Maintenant, c'est le moment de grande vérité. Je voudrais vous poser une question si vous n'êtes pas encore millionnaire. Pourquoi êtes-vous pauvre ? Pouvez-vous envisager de devenir riche ? Est-il bon de vous enrichir ?

Notez toutes vos réponses possibles à ces questions. Puis, poursuivez la lecture de cet ouvrage jusqu'à la fin et revenez sur cette section afin de répondre de nouveau aux mêmes interrogations. Peut-être que cet ouvrage vous aidera à élargir vos réponses. Vous êtes surpris en apprenant que la seule raison pour laquelle vous êtes pauvre est votre ignorance.

Je vous certifie que ce livre vous convaincra que vous aussi pouvez faire et avoir plus dans la vie.

Voici donc, après réflexion et étude, des mauvaises réponses, mais qui, selon certains, semblent justifier le fait qu'ils sont pauvres et doivent le rester.

5. Une mauvaise interprétation de la parole de Dieu

Nombreux vous diront avec innocence que la pauvreté est la volonté de Dieu pour ses enfants. Rien n'est plus faux que de trouver dans la pauvreté la condition pour hériter le royaume des Cieux. C'est le fruit d'une foi erronée, une raison de taille pour laquelle beaucoup de chrétiens sont malheureusement pauvres.

« Le Christ est venu pour les nécessiteux, donc nous devons l'être aussi ! »

La Bible est un livre difficile à interpréter. Nombreux la décryptent en fonction de leur programmation et de leurs limitations mentales.

Et, logiquement, la Bible nous ayant été enseignée par des personnes pauvres, nous avons hérité des interprétations fausses de certains passages, parmi lesquels Luc 4 : 18-19 relatif à la mission de Jésus sur terre.

Jésus dit : « L'Esprit du Seigneur est sur moi, par ce qu'il m'a oint pour annoncer une bonne nouvelle aux PAUVRES; il m'a envoyé pour guérir ceux qui ont le cœur brisé, pour proclamer aux captifs la délivrance, et aux aveugles le recouvrement de la vue, pour renvoyer libres les opprimés, pour publier une année de grâce. »

Alors que Jésus indique clairement son programme d'action, l'interprétation faite de ce passage est l'une des causes pour lesquelles les chrétiens se consolent d'être pauvres et aiment rester dans cette situation. On entendra un frère misérable dire : « Le Christ est venu pour nous, les pauvres. » Moi aussi j'ai cru à cela durant toute mon enfance.

Vous connaissez peut-être aussi ces serviteurs de Dieu qui se sont donné comme mission de consoler les pauvres, les encourageant à rester dans leur situation afin d'hériter le Ciel.

Un jour, passant outre les interprétations d'enfance, j'ai relu cette belle parole de Jésus et ai compris tout autre chose qu'auparavant. J'espère que vous remarquerez également cette différence aujourd'hui : « … pour annoncer une bonne nouvelle aux pauvres. » Réfléchissez une minute. Quelle bonne nouvelle peut-on annoncer à un pauvre sinon la fin de son dénuement ? Si vous ne me croyez pas, lisez la suite :

« … pour guérir ceux qui ont les cœurs brisés, proclamer aux captifs la délivrance, et aux aveugles le recouvrement de la vue, pour renvoyer libres les opprimés. »

Les malades devraient-ils être guéris, oui ou non ? Bien sûr que oui, me direz-vous ! Et les captifs devraient-ils être libérés, oui ou non ? Nous sommes d'accord, ils devraient cesser de vivre en captivité. Et les opprimés ? Ne devraient-ils pas être renvoyés libres ? Ils devraient cesser d'être appelés « opprimés » ! Et les pauvres ? Devraient-ils accepter de rester dans la pauvreté ou être libérés de cette dernière ? La seconde proposition. Toute réponse négative ne peut venir que d'une programmation négative, celle de la pauvreté. Et quand on cesse d'être nécessiteux, on devient riche, bien entendu. Dès lors, selon moi, le Christ voulait dire : « J'ai amené la bonne nouvelle aux pauvres, qui leur permet de vaincre la pauvreté. »

Cette bonne nouvelle appliquée dans ma vie m'a permis de triompher de la pauvreté. Et la même bonne nouvelle peut changer aussi votre vie si vous refusez les fausses interprétations de la Bible, qui justifient et encouragent la pauvreté. Croyez-moi, la bénédiction de l'Éternel enrichit. Le Christ est venu mettre fin à l'oppression de la pauvreté. Il est temps que nous comprenions définitivement que la pauvreté est un manque, une pathologie, une malédiction.

C'est une maladie économique comme Ebola en est une physiologique. Que ceux qui veulent m'entendre m'entendent ! Si vous êtes pauvre, Dieu n'y est pour rien. Ce n'est pas lui qui vous condamne à la misère et à une vie de limitations. Voyons maintenant une autre mauvaise interprétation relative à la personne de Jésus lui-même.

6. Le Christ, pauvre ou riche ?

Voici une autre raison pour laquelle beaucoup de chrétiens sont pauvres. Ils affirment par erreur que Jésus était extrêmement défavorisé. Et en restant dans la misère, ils pensent se rapprocher de lui. Laissez-moi vous dire une chose : voir en Jésus un démuni n'est qu'une perception d'un sujet programmé à la pauvreté, c'est même être idiot.

Moi aussi j'y croyais. Mais lorsque je me suis engagé sur le chemin de la richesse en me débarrassant de la programmation des pauvres, immédiatement, ma perception de Jésus a radicalement changé. Pour moi, comme pour tous les riches, Jésus est perçu comme le plus grand riche que le monde n'ait jamais connu.

Même en rassemblant toutes les richesses des riches du monde, nous ne pourrions parvenir à égaler la fortune de Jésus. Pourquoi ?

De nombreuses personnes ignorent ce qu'est un riche. Un riche, c'est celui qui gagne sa vie en résolvant les problèmes des autres. Et l'argent gagné, il l'échange avec des biens, des facilités, des services dont il a besoin : maison, nourriture, voiture, jet, voyage…

Avec cette compréhension, le Christ doit être perçu comme un grand riche. En effet, il avait en lui une capacité infinie de résoudre les problèmes des autres. Instantanément, il pouvait guérir les malades, changer l'eau en vin, ressusciter les morts ou marcher sur les eaux. Il n'avait pas besoin, comme Asa Kengler, de construire de grandes usines pour produire du Coca-Cola.

Il pouvait simplement prendre l'eau et le transformer en boisson sucrée. Imaginez-vous un instant disposer de cette capacité de transformer l'eau en champagne. Quelle fortune vous feriez ! D'autant plus que vous n'auriez pas besoin d'un fort investissement en termes d'infrastructures, de ressources humaines et de technologies !

Pensez maintenant à Barthimée, cet aveugle-né de Jéricho, à Lazare, mort puis revenu à la vie après trois jours sous terre, à la multiplication des trois pains et des deux poissons. Pour une fois dans la vie, osons évaluer tout cela en termes d'argent. Imaginez qu'en tant qu'homme d'affaires, on me donne le pouvoir dont disposait Jésus.

Je pourrais ressusciter Michaël Jackson, la Reine Diana et exigez des millions à leurs fans. Je deviendrais mille fois plus riche que Bill Gates. Aucun homme d'affaires ne pourrait entrer en compétition avec moi, dans quelque domaine que ce soit.

Croyez-moi, Jésus est l'un des plus grands riches qui n'aient jamais existé. Cette seule compréhension déclenche la dynamique de la prospérité dans votre vie.

7. Dieu n'est donc pas auteur de la pauvreté dans notre vie

Revenant à l'histoire de la chèvre de ma mère. Ce n'est pas Dieu qui est la cause de notre misère, mais la tradition. Une tradition aveugle qui a ravi nos biens pour les donner à nos cousins.

En quoi notre Seigneur pouvait-il être la raison de la pauvreté de mes cousins alors que l'histoire était si généreuse pour eux ? Ce sont eux-mêmes qui ont tué les moutons et les chèvres comme des animaux sauvages. Ils étaient victimes de leur programmation négative.

Idem pour ma marâtre. C'est elle-même, faussée par un mauvais jugement, qui tua sa chèvre au lieu de la laisser se reproduire.

Dieu ne pouvait pas non plus être la cause de ma pauvreté, car m'a permis d'obtenir 100 $, l'équivalent de la chèvre de ma mère. C'est plutôt lui qui a béni mes économies et mes investissements, et fait en sorte que ma fortune s'est accrue très vite. Si j'avais gaspillé ce premier billet de 100 $, comment Dieu aurait-il pu faire la suite ? S'il n'y avait pas eu trois pains et deux poissons, le Christ aurait-il pu procéder à leur multiplication ?

Et vous ? Pourquoi et comment Dieu serait-il l'auteur de votre pauvreté ? Ne vous a-t-il jamais permis de gagner l'équivalent de la chèvre de ma mère ? Juste 100 $! Dès lors, votre vie aussi peut changer, tout dépendra de ce que vous ferez avec la première chèvre. La prochaine fois que vous serez tenté d'inculper Dieu de votre pauvreté, rappelez-vous que c'est un blasphème, et ce qui que vous soyez : pasteur, bricoleur, homme d'affaires, débrouillard…

8. Votre désir de prospérer est essentiel pour aller loin

Malgré les circonstances difficiles dans lesquelles ma maman se retrouva après la mort de mon père, elle avait le désir de changer les choses à court, moyen et long termes. Elle ne considérait pas ses limitations économiques comme une fatalité.

Moi aussi, alors que ma situation était dramatique, je souhaitais être la lumière du monde, connaître le succès. Je voulais vivre ce que la parole de Dieu nous enseigne, notamment que la bénédiction de l'Éternel enrichit. Je souhaitais être une bénédiction réelle pour moi-même, pour ma femme, pour mes enfants, pour l'Église et pour les autres, être un témoignage vivant du succès, un modèle inspirant pour les autres. Au début, ma mère comme moi n'avions rien d'autre qu'un espoir, celui de réussir.

Vous aussi, cher lecteur, commencez à déclencher en vous-même ce désir de réussir, de prospérer et de changer votre vie. Cette ambition est le véritable point de départ vers la richesse, croyez-moi.

Beaucoup de gens vivent comme dans un rêve. Ils pensent qu'un beau jour le hasard frappera à leur porte et qu'ils deviendront subitement riches. Bien que la vérité soit souvent difficile à admettre, ces personnes se retrouvent fréquemment, à l'âge de la retraite, dans une grande précarité.

Ils se réveillent trop tard. C'est simplement dramatique et déplorable. J'espère que vous ne serez pas comme eux. Mais le fait que vous lisiez ce livre prouve que vous êtes conscients et à la recherche d'une vie réussie.

Avoir le désir de briller financièrement ou de prospérer est une véritable démarcation dans la vie. Tout succès commence toujours consciemment ou inconsciemment par un désir assumé d'avoir plus, de vaincre la pauvreté, de sortir de la misère. Voilà pourquoi j'ai affirmé haut et fort que ne pas avoir le désir de réussir est l'une de plus grandes tragédies humaines.

Dommage que nous soyons entourés d'amis, de parents, de voisins ou de connaissances qui vivent à moitié endormis, sans aucune ambition. Parmi ces nombreux tristes cas, je citerai celui d'un ancien collègue de classe qui fut toujours indifférent à toute réussite. Par conséquent, il entra dans la quarantaine avec un retard sur tous les plans. Il se rendit compte de sa situation lors de sa dixième année de fiançailles ; il était visiblement incapable de concrétiser son mariage, pour une raison simple selon lui l'absence de moyens. Mais en analysant sa vie, on découvre la vraie cause, son état de somnolence, son absence de désir de réussir.

Tant qu'on ne se préoccupe pas de sa réussite, on ne se posera pas de question sur ce que l'on doit faire pour percer, et on n'osera rien tenter. Bien qu'il aimât sa fiancée et que ses sentiments étaient réciproques, il ne savait pas par où commencer pour payer sa dot, se prendre en charge et former une famille. Il se trouvait dans un état de célibat chronique et forcé.

Cette dizaine d'années de fiançailles pour un adulte de plus de trente-cinq ans est une preuve d'échec. Ne pas avoir le désir de réussir tôt dans la vie, c'est payer de sa propre vie.

Si vous regardez bien autour de vous, vous trouverez sans peine cette catégorie d'adultes de près de quarante ans qui rencontrent des problèmes pour fonder famille. Ils se marient bien tard, grâce à des cotisations de l'Église.

Parfois même, après ce type de mariage, ils sont incapables de payer le loyer de leur maison ; la femme revient alors chez ses parents et l'homme trouve asile chez les amis. Ce genre d'échecs est déplorable, mais, hélas ! courant. Cela ne fait honneur ni à soi-même, ni aux parents, ni à la société, ni à Dieu qui nous veut lumière du monde.

Heureusement que cette situation ne sera jamais la vôtre. En effet, en vous plongeant dans ce livre, vous vous êtes réveillé de ce sommeil pour vous engager dans une phase très importante vers la richesse, la volonté de réussir. La sagesse contenue dans cet ouvrage va vous prévenir d'un tel échec. Vous découvrirez que mon propre parcours a commencé par un grand désir de réussir.

C'est en réalité tout ce que j'avais comme capital au départ. Mais, grâce à cela, je suis devenu millionnaire à trente-cinq ans, alors que tous ceux qui dormaient autour de moi luttent encore pour joindre les deux bouts. La réussite est une responsabilité personnelle, et non comme de votre famille, de votre quartier ou de votre pays.

Même si tout le monde autour de vous échoue, vous pouvez bel et bien réussir dès lors que naît en vous le désir d'être différent. Vous pouvez déménager de votre quartier pour vous installer dans un autre meilleur, vous pouvez rouler en carrosse alors que vos proches marchent.

La richesse, la prospérité restera toujours une responsabilité personnelle. Aucun gouvernement ne peut rendre toute sa population riche. Même aux USA, il y a des pauvres, alors que dans les pays les plus dans le besoin résident quelques riches. Regardez dans la ville où vous vivez ; alors que la grande majorité parle de crise, d'autres construisent et font le tour du monde.

Pour vous aider à réussir plus vite, nous allons aborder ici ce point de départ vers la richesse et la prospérité de manière à vous réveiller complètement et définitivement. Il n'est rien d'autre que le désir de réussir, de changer sa vie.

En étudiant la philosophie du succès, j'ai découvert que ce dernier naît du souhait de prospérer. Et le récit de ma réussite n'est repris dans ce livre que dans le but de révéler en vous une chose, ce désir.

Si vous n'êtes pas encore millionnaire comme moi, commencez par avoir un désir de faire plus, d'avoir plus. Qui sait ? Vous pourrez aussi le devenir un jour, car rien ne résiste à celui qui sait exactement ce qu'il veut. Voici donc une histoire qui peut vous inspirer.

Le pasteur David Oyedepo, visionnaire de l'Église Chapelle des Vainqueurs Internationale, a fondé un réseau d'églises que l'on retrouve sur tous les continents. Il est très riche. Il avait des secrets de réussite, dont l'un était vraisemblablement le désir de prospérer. Sa première église, située dans un village perdu du Nigeria, comptait six membres au départ.

Il assume dans un de ses livres avoir dit ceci à Dieu au début de son parcours : « Dieu, je ne vais pas vivre pauvre sur cette terre. S'il faut vivre pauvre, je préfère mourir pour venir chanter ta gloire au ciel que de vivre une longue vie de pauvreté et de misère sur cette terre. » Il est un exemple fort du désir de réussir et de prospérer.

C'est cette envie qui pousse à chercher la sagesse, à entreprendre, à économiser, à persévérer et à combattre. Alors, dites-moi, maintenant, avez-vous le désir de réussir, de prospérer ou de vous enrichir ? Si oui, ce livre est écrit pour vous. Il vous montrera le chemin qui vous aidera à concrétiser votre souhait. Le succès qui vient de Dieu est vraiment possible.

Ma maman, qui n'a jamais été à l'école, a réussi à avoir un grand troupeau de chèvres en partant d'une seule, grâce à son désir de changer les choses, de parvenir à l'autonomie financière.

Moi aussi, j'ai réussi à transformer ma vie alors que je gagnais au départ 15 $ par mois cinq ans plutôt. Je ne suis pas mieux que quiconque sur plusieurs plans, j'ai seulement l'avantage d'avoir eu à temps l'envie d'aller plus loin.

Les multitudes d'histoires de réussite dans tous les milieux que j'ai lues dans mon parcours ont toutes commencé par un profond désir de réussir.

Si, après avoir lu l'intégralité de cet ouvrage, vous ne ressentez pas l'ambition de prospérer et de réussir votre vie, fermez-le et offrez-le à quelqu'un d'autres. La suite ne vous servirait plus à grand-chose. Cependant, s'il y a en vous un réel désir de réussir, lisez très attentivement les pages qui suivent, car vous y découvrirez une sagesse pratique pour votre victoire financière en partant de rien.

Je vous plongerai au cœur de mon expérience et de celle de ma mère afin que vous puissiez bien vous imprégner des principes de base de la prospérité financière. Lire ce livre est donc votre meilleure préparation au succès.

9. Actions à faire

– Écrivez clairement sur un morceau de papier votre désir de prospérer et de vous enrichir. Collez-le sur le miroir de votre salle de bains de manière à le lire chaque matin et chaque soir. Vous pouvez inscrire par exemple cette phrase : « Je désire tellement réussir que je ferai tout ce qui est légal devant Dieu et les hommes pour y parvenir. »

– Méditez sur ces phrases : « Toute fortune, toute richesse commence toujours par le désir d'un homme », « Naître pauvre ne condamne personne à la misère et à l'échec, sauf celui qui en est indifférent. »

– Trouvez-vous un modèle de réussite personnelle, de préférence un individu qui a brillé financièrement. Il sera votre mentor dans le domaine financier. Renseignez-vous au maximum sur sa vie, ses activités et ses principes. Si vous ne pouvez pas le rencontrer personnellement, lisez ses livres, son profil, écoutez ses disques ou ses enregistrements.

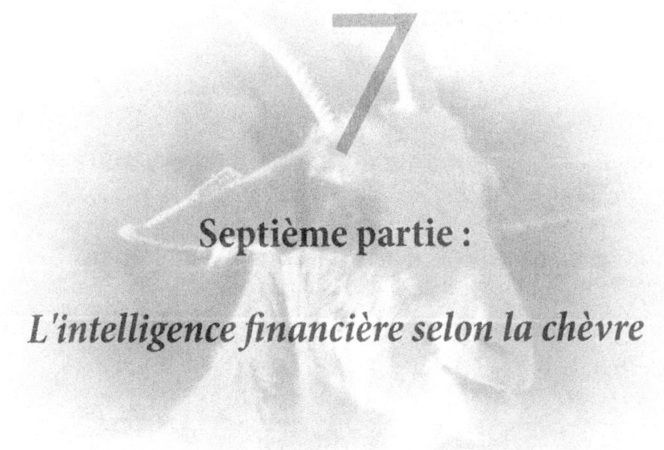

7

Septième partie :

L'intelligence financière selon la chèvre

J'estime que la plus haute intelligence financière consiste à comprendre tôt dans la vie que le schéma d'éducation et d'emploi dans lequel on nous a embarqué ne suffit pas pour amener à la richesse spécialement en tant que consommateur appauvrissant. Une analyse de la forme d'éducation scolaire actuelle révèle une grande faiblesse: « l'école occidentale forme des individus académiquement et professionnellement bien formés, mais financièrement ignorants. Cette ignorance devient un vrai handicap qui font d'eux des perdants d'avance ». La compréhension de l'argent (la richesse), sa bonne utilisation ainsi que les lois qui gouvernent l'acquisition de la richesse personnelle ne sont pas enseignées. Selon cette école, l'épargne est un principe relatif, très peu connu de la masse. Pour nos ancêtres, « l'épargne, disons l'épargne d'investissement », c'est la chèvre, c'est la semence, c'est cette partie d'argent ou richesse (au moins 10%) qui doit être retenue en vue d'investir. Un principe fondamental que tous devraient connaitre et appliquer. Si vous voulez sortir de l'esclavagisme d'argent (pauvreté chronique), faites évoluer votre notion d'épargne et de consommation. Sur le plan de la richesse, l'école traditionnelle, celle de nos ancêtres avait des connaissances plus solides, scientifiques et cohérentes. Ils savaient que l'épargne était le respect d'un principe naturel et éternel qui est à la base de l'acquisition, maintien, accroissement et transmission des richesses de génération en génération. Une partie des semences devraient être conservée pour continuer le processus de création de richesse. La consommation intelligente, l'épargne et l'initiative personnelle formaient la base de leur éducation.

Parce que beaucoup de gens ont considéré la première version de ce livre comme une référence incontournable sur les finances personnelles dans une perspective africaine, cela m'a encouragé à faire ressortir dans cette dernière section certains aspects-clés de la sagesse ancestrale en manière de richesse. En gros, la sagesse ancestrale est très comparable à la sagesse des riches actuelles du monde, une culture qu'ils apprennent en famille et qui se transmet de père en fils.

1. Viser toujours un avenir meilleur

La première leçon qu'enseigne la chèvre, c'est la capacité d'aspirer à un avenir meilleur même lorsque le présent n'est pas rose. Malgré la souffrance dans laquelle ma mère s'était retrouvée, elle aspirait à un avenir différent. Toute personne pauvre aujourd'hui doit aspirer à un avenir meilleur. La pauvreté n'est pas une fatalité. Chaque individu, chaque famille doit adopter une vision financière d'avenir meilleur.

2. La compréhension de l'argent

L'argent n'est pas une réalité occulte ou mystérieuse. L'argent, c'est une représentation conventionnelle d'une richesse. Et les richesses sont naturelles comme la chèvre ou les semences de maïs.

La bonne compréhension de l'argent contribue à se débarrasser d'une certaine éducation religieuse qui présente l'argent comme un danger ou une réalité occulte. Ces genres de contradictions constituent des obstacles subconscients pour devenir riche.

3. La maitrise de soi

Vivre de la meilleure forme avec l'argent ou les richesses requiert de la maitrise de soi. Gardez sa chèvre malgré les tentations et les besoins c'est faire preuve de maitrise de soi, c'est être maitre de l'argent et non l'esclave. La grande forme de maitrise de soi consistait pour nos ancêtres à différer la satisfaction immédiate au nom d'une récompense future meilleure. Ceux qui ont été formés dans l'école occidentale semblent n'avoir aucune force morale pour vivre cette haute forme de maitrise de soi. Voilà pourquoi ils ne savent pas faire la différence entre paraitre riches et être réellement riches. La discipline financière c'est notre capacité à vivre avec l'argent sur la base des principes naturels immuables : "impératifs catégoriques comme ceux de Emmanuel Kant".

4. La consommation intelligente

Gardez la chèvre pour la reproduction et manger les boucs, c'est une forme de consommation intelligente que nos ancêtres pratiquaient. Une partie de ce que nous gagnons (pas plus que 90%), c'est le bouc. Elle devrait être destinée à la consommation et à la satisfaction immédiate. L'autre partie (au moins 10%), c'est la chèvre, la semence. Elle ne doit jamais être mangée immédiatement quelle qu'en soit la raison. En distinguant les boucs des chèvres, les ancêtres nous enseignent la différence entre les passifs et les actifs.

Les boucs (les passifs) : ce sont des transactions qui diminuent ou tuent nos richesses mais nous assurent une certaine satisfaction ou plaisir. Le lux, les voitures personnelles, les habits à la mode… sont des passifs. Ils font sortir de l'argent de la caisse. D'autres deviennent des sources permanentes de sortie d'argent. Un exemple, c'est la voiture personnelle. Non seulement vous sortez le capital d'achat, mais il faudra sortir par la suite de l'argent pour vivre avec : carburant, entretien, taxe, assurance, parking, lavage…

Les chèvres (actifs): Ce sont des transactions qui conservent nos richesses et les augmentent en valeur dans le temps. Et l'épargne, c'est la nécessité de garder d'abord cet argent. L'investissement c'est le fait de le destiner à la production. Celui qui achète un bon livre, comme celui-ci, qui lui apprend comment améliorer un aspect de sa vie, a procédé à un bon investissement plutôt que celui qui a acheté un smartphone dernier cri juste pour impressionner ses pairs. Les actifs sont des transactions qui font entrer de l'argent dans votre poche.

L'argent ne sert pas qu'à satisfaire nos besoins, c'est aussi un outil qui doit travailler pour améliorer les vies autour de nous et nous assurer la liberté de ne pas être esclave du travail et du besoin. Contrairement aux faussetés que répètent les économistes des écoles occidentales qui définissent l'épargne "comme la partie du revenu qui - pendant une période donnée - n'est pas dépensée." L'épargne pour nos ancêtres est le respect strict d'un principe selon lequel une partie de nos revenus doit obligatoirement être gardée et destinée à créer plus de richesse. L'épargne était un impératif catégorique et non un principe relatif. C'est par ce principe qu'ils ont conservé les richesses de l'humanité comme les maïs, les arachides et qu'ils les ont fait passer de génération en génération jusqu'à nous.

Dépenser tout son argent, c'est tuer sa chèvre et par conséquent mettre fin à un principe qui est sensé continuer pour le bien des générations à venir. Voilà pourquoi ceux qui tuent leurs chèvres ne laissent à leurs enfants que la pauvreté.

5. La loi de la richesse ou de la construction des capitaux

Pour ceux qui sont formés à l'école occidentale, la loi de la richesse est à rechercher dans les sciences occultes. Pour l'école traditionnelle, celle de ma mère, la loi de la richesse est naturelle et éternelle. C'est la loi de semence et récolte pour les fruits et la loi de l'élevage pour les animaux. Sous certaines conditions et certaines actions, les semences ou les animaux se multiplient. L'argent obéit à la même loi. Cette loi se trouve déjà au chapitre premier du livre de genèse dans la bible. Ce monde a plus de pauvres que des riches parce qu'il y a plus de consommateurs que des producteurs. Les pauvres se maintiendront dans la pauvreté tant qu'ils seront des mauvais consommateurs appauvrissants qui consomment leurs chèvres avant même la reproduction.

6. La valeur

Les ancêtres voyaient les richesses selon une perception valorisante, voilà pourquoi ils en faisaient bon usage. La leçon de la chèvre nous enseigne à valoriser l'argent comme une richesse et non seulement comme un object de jouissance. Lorsque vous percevez un billet de 100$ comme une chèvre, vous lui accordez beaucoup plus de valeur. Par conséquent, vous réfléchirez à plusieurs reprises avant de tuer votre chèvre. Lorsque vous considérez ce billet de 100$ comme un simple papier, pourquoi ne pas le dépenser pour un petit plaisir comme celui d'assister à un concert ? La valorisation est une habileté des riches. Avec la nouvelle compréhension que le livre *la chèvre de ma mère* a apporté à ses lecteurs, ils ont été capables de mieux comprendre la valeur de l'argent et par conséquent aptes à appliquer l'épargne d'investissement.

7. Protection

La chèvre devrait être protégée. Chacun doit apprendre à protéger cette partie d'argent qui lui revient. Dans ce monde de consommateurs, non seulement la tendance est à dépenser tout ce qu'on gagne mais chacun croit qu'il faut recourir aux chèvres des autres pour satisfaire ses besoins. La famille, les proches (en mentalité de pauvreté), les voleurs… sont tous des menaces pour vos chèvres. Il faut protéger vos chèvres contre les dévoreurs. Et la première consigne consiste à ne pas informer votre entourage que vous avez des chèvres gardées. Si vous le faites, ils trouveront une raison pour émouvoir votre cœur et vous inciter à tuer vos chèvres. De préférence, gardez vos épargnes dans un compte bloqué en banque jusqu'à ce qu'elles soient suffisantes pour investir.

8. Production

Alors que ceux de l'école occidentale ont appris à travailler pour l'argent (vendre son temps contre de l'argent), la chèvre nous apprend que la meilleure manière de produire c'est d'avoir une source qui produit pour soi. La chèvre symbolise un investissement, un business organisé qui peut produire à la longue sans votre implication à cent pour cent. C'est à chacun(e) d'acquérir sa chèvre au lieu d'être berger des chèvres des autres à vie (l'emploi). La pauvreté vient du fait qu'une personne n'a qu'une seule source de revenu, généralement son emploi, mais plusieurs sources de dépenses. Le fournisseur d'électricité, d'eau, de communication, de télévision, le transporteur, le bailleur, le supermarché qui lui vend sa nourriture... La solution ne consiste pas à s'endetter encore et encore mais à trouver d'autres sources des revenus. Un processus qui commence par la rétention d'une partie de ses revenus pour créer un capital d'investissements.

9. Patience

A l'heure de l'instantanée, on veut tout avoir tout de suite. L'usage des cartes de crédit traduit cette volonté du consommateur à consommer avant même de produire. C'est une manière sophistiquée qui consiste à tuer ses chèvres et sa descendance d'avance. La chèvre nous apprend la place de la patience et la noninversion d'actions. Les chèvres ne se multiplient pas le même jour. On ne devient pas riche le même jour, c'est un processus.

Lorsque vous vous transformez en investisseur, sachez être patient. Les résultats peuvent se faire attendre. L'esprit du journalier ou de l'employé qui ne peut pas attendre les résultats au-delà d'un mois n'est pas celui des riches. Ceux-ci peuvent travailler des années afin de récolter. Travaillez aujourd'hui avec patience pour un avenir meilleur.

10. La loi de la convertibilité et des échanges

La chèvre nous apprend la loi de la convertibilité des richesses et des échanges. Les richesses sont des formes d'énergies, elles peuvent se transmuer sous forme d'autres richesses ou s'échanger contre d'autres. Ma mère échangeait ses chèvres contre l'argent puis l'argent contre l'éducation de ses enfants. Supposant que l'éducation de ses enfants se transformera aussi en argent un jour. Cette loi est la base de la connaissance pour devenir riche. Selon cette loi, nos pensées profondes finissent par se transformer en circonstances que nous vivrons un jour. Alors, il faut échanger de bonnes pensées pour un bon avenir. Mais aussi, bien investir son temps, (à augmenter son intelligence et ses compétences, dans un projet, à faire du bien) il se transformera en bonnes récompenses dans l'avenir. Alors que le temps mal investi (distraction, oisiveté), se transformera à un avenir d'échec.

Dans la chèvre, nous apprenons plusieurs leçons comme le fait que nous sommes responsables de notre avenir financier. Doù la nécessite de prendre de bonnes décisions et d'entreprendre de bonnes actions au lieu d'attendre le gouvernement. Nous y apprenons la meilleure forme de la loi de la croissance de la richesse et de construction des richesses. De nos jours et pour des raisons inconnues, le système mondial de formation néglige d'apprendre aux jeunes de quelle manière bien vivre avec leurs revenus. Ce qui force des millions de gens à vivre en esclave moderne d'argent. *La chèvre de ma mère,* c'est un outil qui peut combler ce vide. Il peut vous servir à assurer votre auto-éducation financière, celle de vos enfants afin qu'ils grandissent avec une culture financière différente, celle de vos proches mais aussi de vos collaborateurs. Mais ne vous limitez pas là, la chèvre de ma mère c'est le point de départ vers l'exploration du monde de la richesse.

Sachez surtout que dans ce livre je n'ai abordé qu'un type des lois de richesse, les lois extérieures. C'est indispensable aussi de connaître l'autre type des lois qui jouent un rôle plus important, les lois intérieures. Je parle des lois intérieures que j'avais découvertes et appliquées dans mes deux autres livres, *Varig 254* et *Pouvez-vous devenir riche et allez au ciel.* Ses livres complètent la chèvre de ma mère.

Conclusion

Lorsque Kunta Kinte fut capturé en Afrique pour servir de machine de production des richesses en Amérique, il avait fallu des chaines en fer pour l'enchainer et le forcer à sa condition d'esclave. Par la suite, il n'était plus nécessaire d'être enchainé par des chaines visibles. Mais il continuait d'être esclave. Pourquoi? Parce qu'il était asservi par un autre type des chaines, plus puissantes mais invisibles: « un système » mis en place pour le maintenir esclave. Dans ce système, non seulement ils devraient vivre toute la vie esclave, mais ses enfants naissaient toujours et déjà esclaves. Tragique, n'est-ce pas ?

Les choses sont-elles différentes aujourd'hui? Seulement en apparence. Dans le fond, cette réalité n'a pas beaucoup changé. Toutefois, elle est devenue si subtile qu'il n'est plus perceptible par la grande majorité. Les esprits éclairés savent, que dans le monde actuel, il y a une nouvelle forme d'esclavage qui ne dit pas son nom. Les enfants sont domestiqués selon une logique de formation qui les formate à une vie d'employé. Ils sont conditionnés à travailler et à tout dépenser, vivant ainsi dépendants financièrement pour toute la vie. Ils formatent ensuite à leur tour leurs enfants selon le même modèle sans se poser de questions. La vie de n'importe qui, qui travaille mais n'avance pas ou reste endetté n'est pas très différente de celle de Kunta Kinte. Les esclaves modernes ont le désavantage d'être inconscients et insouciants. Plus besoin de les enchainer et les forcer dans les embarcations vers les Amériques. Hélas ! Ils sont esclaves sur leur propre continent ou bien ils se battent eux-mêmes au péril de leurs vies pour aller le vivre sous d'autres cieux.

Plus qu'une question d'argent, il est question de liberté et de dignité. Il est question d'amour pour nos enfants qui ne méritent pas d'être forcés à subir la pauvreté. Vouloir sortir de la pauvreté est un idéal qui en vaut la peine. Pour y arriver, nous devons puiser dans la sagesse des anciens africains au lieu de nous contenter uniquement d'une formation universitaire qui nous laisse délibérément avec un handicap majeur sur le plan des finances personnelles. Cette condition est renforcée par une certaine mentalité, certaines habitudes et comportements qui maintiennent les africains, les classes moyennes et de pauvres dans cette prison moderne du travail qui ne mène nul part.

Si vous, enfin conscient de cette triste réalité, vous êtes décidés de vous libérer, alors ce livre est pour vous.

Vous y avez appris comment ma mère, victime des coutumes injustes qui lui avaient ravi tous ses biens après la mort de mon père a pris certaines décisions et actions qui lui ont permises de sortir de sa pauvreté et de prendre en charge ses enfants.

Vous avez aussi appriscomment à mon tour, après s'être sorti de l'illusion que l'école m'apprendrait à devenir riche, je me retrouvai dans une situation où je gagnais autour de 15$ par mois. Vous y avez appris comment ma réflexion m'a conduit à la prise de conscience de la réalité dans laquelle nous vivons. Cette prise de conscience m'a conduit à aller au-delà des connaissances scolaires pour adopter et appliquer certains principes qui m'ont d'abord permis de construire mon premier capital de départ équivalent au prix d'une chèvre soit 50$ et ensuite le faire grandir pour devenir un grand homme d'affaires.

Mon exemple, mon expérience ainsi que les connaissances qui m'ont aidé peuvent également servir à toute personne n'étant pas né d'une grande famille, n'ayant pas de grands contacts ou des capitaux pour investir. C'est pour vous, vous qui avez décidé de prendre votre vie en main et vous qui devez commencer votre parcours là où vous êtes aujourd'hui. Il peut servir aussi de leçon aux enfants qui ont besoin d'une culture financière pour augmenter leur chance de mieux s'y prendre sur le plan des finances personnelles.

Par ce livre, je voulais surtout vous transmettre un message d'espoir : vous n'êtes pas victimes désespérées et impuissantes du système mondial actuel, à moins de se limiter dans ce combat qu'aux connaissances scolaires. Vous n'avez pas besoin de rechercher éternellement des boucs émissaires. Vous avez juste besoin de prendre conscience que vous avez le pouvoir d'agir et de changer les choses. Vous devez prendre votre responsabilité en main et travailler pour votre libération dès aujourd'hui. L'épargne d'investissement ainsi que les actions préconisées dans ce livre sont difficiles à appliquer pour quelqu'un qui a un petit revenu ou qui a des dettes. Mais sachez que c'est le prix à payer pour obtenir la vraie liberté. Si la liberté a un prix pour vous, si votre avenir représente beaucoup pour vous, ce prix devient moindre. Il vous conduira à une vie merveilleuse. Souvenez-vous toujours ce que disait André Carnegie : « Rien au monde ne crée autant de souffrances, de limitations et d'humiliations que le manque d'argent ».

Cependant, l'éradication de la pauvreté matérielle et financière doit passer par l'éradication de la pauvreté mentale et anthropologique, cet héritage culture des pauvres qu'on vous a légué depuis l'enfance. Dans ce livre j'ai transmis ma petite expérience de la pauvreté à la richesse. J'ai partagé certains principes universels et immuables qui peuvent permettre à n'importe qui et dans n'importe quel domaine de la vie moderne d'améliorer sa situation financière. J'espère ainsi vous avoir ouvert l'esprit sur la sagesse financière jadis appliquée par nos ancêtres bien que dans un environnement différent d'aujourd'hui. En résumé le changement commence par le désir d'une vie différente, de la liberté. Les résignés ont déjà perdu d'avance. Le processus continue par le fait de se fixer des objectifs financiers élevés.

Puis, par son travail, à construire son propre capital en gardant sa chèvre au lieu de l'attendre à vie. Enfin, il faut apprendre à protéger sa chèvre et la laisser se multiplier. Ce sont des actions simples mais efficaces.

Par ces actions simples, j'ai été capable de sortir de la pauvreté pour devenir ce que je suis devenu, par ces mêmes actions ceux qui ont eu la chance de lire ce livre avant vous ont expérimenté des résultats extraordinaires, j'espère que vous tenterez à votre tour à le mettre en pratique et dès aujourd'hui.

Comme pour paraphraser Jean de La Fontaine, « Ils ne mouraient pas tous, mais tous étaient frappés » et « selon que vous serez puissant ou misérable, les jugements de cour vous rendront blanc ou noir ». Selon que vous appliquerez ses conseils plus tôt, ou pas votre avenir sera de richesse ou de pauvreté. Mais cet avenir vous appartiendra. Puisse Dieu vous aider à écrire votre propre histoire de la pauvreté à la richesse. Le seul conseil que je vous donne c'est de relire ce livre et d'aider quelqu'un à le lire.

Bravo!

Vous avez fini la lecture de la chèvre de ma mère. Pour obtenir votre cadeau gratuit des conseils pour prendre sa vie en main, rendez-vous sur mon site

www.ricardokaniama.com

Lisez également dans les pages qui suivent comment ce livre a changé des vies dans le monde.

Un livre qui a changé des vies!

Lorsque j'ai publié ce livre pour la première fois, je savais bien sûr qu'il allait aider les gens, mais j'ignorais qu'il atteindrait un nombre aussi impressionnant de lecteurs dans le monde. Le livre s'est vendu de bouche à l'oreille mais en milliers d'exemplaires. Cela m'a valu le nom de Ricardo Kaniama, le Kiyosaki d'Afrique. Les lecteurs du monde entier m'ont envoyé leurs témoignages et leurs remerciements pour l'aide qu'ils ont trouvé en lisant cet ouvrage. Sa seule lecture a changé des attitudes, des mentalités et des comportements. Une seule critique revenait sur le livre et pouvait se dire en ces termes: « Ricardo, tu aurais écrit ce livre plus tôt et ma vie ne serait pas comme elle est aujourd'hui ».

Le livre a été utilisé par d'autres comme moyen d'aider leurs conjoints ou conjointes au changement. D'autres l'ont utilisé comme enseignement d'éducation financière familiale à l'intention de leurs enfants. D'autres encore l'ont acheté et distribué à leurs membres de famille afin de briser un cycle de dépendance financière qui pesait sur eux depuis des années. Des institutions et des entrepreneurs l'ont acheté et distribué à leurs collaborateurs et agents dans le but de les aider à améliorer leurs capacités à gérer leurs revenus. Parmi ces multitudes comptent l'Ambassade des USA en RDC qui a acheté et obligé chacun de ces agents à lire et suivre une formation sur l'éducation financière avec moi pour changer leur façon de vivre avec leurs revenus. Cette petite action, moins coûteuse a suffi pour résoudre des problèmes d'inquiétudes de salaire que des directions de ressources humaines n'arrivaient pas à régler sachant qu'une augmentation de salaire aurait coûté des millions.

Voici quelques témoignages reçus des lecteurs.

Ils créent des fonds de départ

Bonjour Monsieur Ricardo. Je vous écris pour vous remercier pour votre livre la chèvre de ma mère. Jamais un livre m'a autant transformé ! Je suis financier dans une grande entreprise de la place et je gagne autour de 4.000$. Mais ignorant de ce que vous partagez dans votre livre, je me retrouvais toujours sans argent. J'ai votre livre depuis trois mois seulement et je suis surpris de me retrouver avec un capital de 5000$. Ce n'est encore rien, mais je sais désormais que je vais aller le plus loin possible. Merci Monsieur Kaniama.

Lecteur de Pointe Noir, Congo Brazzaville.

Une famille transformée

Lorsque j'ai lu la chèvre de ma mère, j'avais compris la nécessité de changer les choses mais le problème pour moi c'était mon épouse qui ne travaille pas mais très dépensière. Je cherchais de quelle manière l'amener à lire le lire car elle n'aime pas lire. J'ai eu l'idée de lui demander que si elle lisait ce livre, je lui donnerai 100$. C'est qu'elle avait trouvé génial. Elle a lu le livre en deux jours seulement. A la fin elle m'a dit ceci: « j'ai lu ce livre afin de gagner 100$, mais à cause de ce que j'ai découvert dedans, tu peux garder tes 100$, je n'en ai pas besoin ». A partir de ce moment, ma femme qui estimait toujours que l'argent était insuffisant a commencé à épargner une partie du peu destiné au foyer. Après trois mois, elle a commencé à vendre quelques produits devant ma maison. Les disputes au sujet de l'argent ont cessé. En moins d'une année nous nous sommes organisés pour payer un taxi que ma femme gère. Aujourd'hui, nous en avons quatre. Ce livre est notre grande bénédiction. (Témoignage d'un étudiant d'une de mes formations)

Lecteur Kinshasa RDC

Une vie qui change enfin !

Bonjour Monsieur Kaniama. Je suis Marco et je vous écris de l'Angola où j'ai eu la chance de lire votre livre en portugais (a Cabra da Minha Mãe). Je lis des livres sur le succès des auteurs américains depuis des années mais c'est pour la première fois que j'ai lu un livre qui m'a expliqué de façon aussi claire comment devenir riche. Ce livre devrait être imposé à toute la population, mais je ne sais pas si nos gouvernants comprennent combien ce livre peut sauver des vies.

Marco Luanda Angola

Ils aident leurs familles à changer

Bonjour Ricardo,

Je suis Cécilia et je vous écris de Paris. Vraiment votre livre est formidable. Je travaille dans un grand groupe et je gagne un grand salaire, mais j'étais vraiment pauvre chronique. Je viens immédiatement d'adopter la stratégie la chèvre, je vois que cela marche bien. J'ai également acheté des exemplaires de votre livre pour envoyer au Cameroun et je sens un changement. Merci mon frère d'Afrique.

Cécilia Paris France

Ils forment leurs enfants

Je vous écris pour vous remercier de votre livre la chèvre de ma mère que j'ai lu par hasard chez un ami. Vraiment je regrette de n'avoir pas lu un tel livre des années plus tôt. Mais il n'est jamais trop tard, je vais m'y mettre et suivre votre modèle. Je fais lire votre livre à mes enfants qui ont 14 et 16 ans. Je ne veux pas qu'ils échouent leurs vies financières pour avoir manqué comme moi d'informations vitales. Que Dieu continue à vous bénir pour le travail que vous faites pour le monde.

Jean Jacques, Lubumbashi RDC

Ils créent leurs entreprises

Bonjour Monsieur Ricardo, je suis aux USA. Grâce à votre livre et à vos vidéos en ligne, j'ai pu trouver l'inspiration et je viens de mettre en place mon entreprise. Vous êtes vraiment un grand modèle pour moi.

Franck, USA

Si vous avez un témoignage à partager avec nous, nous vous remercions de nous contacter à écrivez-nous à **contact@ richardokaniama.com**

Aidez-moi à aider les autres

Vous avez fini votre lecture, bravo. Maintenant, laissez-moi vous faire une grande demande. Aidez-moi à aider les autres à devenir riches ! On raconte qu'il y avait quelque part en Afrique un homme profondément croyant, mais pauvre. Il priait Dieu avec insistance pour lui venir en aide et le sauver de sa misère. Voici qu'un jour Dieu lui apparut et lui permit de faire sa demande en ces termes : « tout ce que tu vas me demander de faire, je vais le réaliser mon fils. Mais à condition que je fasse le double chez tous tes voisins. » Ainsi donc, si cet homme voulait demander une maison, Dieu la lui donnerait et en donnerait deux identiques à ses voisins. Cette condition attrista le croyant qui se dit : « à quoi bon demander une bénédiction si Dieu en donne deux à mes voisins ? Ils seront mieux que moi et se moqueront de moi. » Là-dessus, il dit à Dieu « donne-moi, oh Père, une nuit, afin que je pense à ce qu'il convient de demander. » Et Dieu le lui accorda.

Le lendemain, il était au rendez-vous avec Dieu et fit sa demande en ces termes : « Père, tu es Dieu qui accomplit ses promesses. Crève-moi un œil afin de crever les deux yeux de chacun de mes voisins. » Dieu fut surpris du degré de méchanceté de l'homme, mais il accomplit son vœu. Et l'homme étant le seul borne de la ville, devin le roi.

Serez-vous cet homme qui n'aime pas le bonheur des autres ? Beaucoup de gens sont devenus riches avant moi, mais ne se sont pas préoccupés d'aider les autres à le devenir. Ils se plaisent à être les seuls à avoir tandis que les autres croupissent dans la souffrance. J'avais fait un vœu à Dieu lorsque j'étais pauvre en ces termes : « si vous me révélez ce qu'il faut faire pour devenir riche, je le dirai à tout le monde. »

En écrivant ce livre, je donne aux autres la chance d'avoir autant, ou plus que moi. Alors si ce livre vous inspire, ne gardez pas le secret pour vous seul, vous risqueriez de ressembler à cet homme méchant. Parlez-en aux amis, aux frères, aux collègues et aux connaissances. Il n'y a aucun mal à aider les autres à réussir. Faites un geste d'amour, télécharger un e-book de la chèvre sur le site ***www.ricardokaniama.com*** et offrez-le à vos connaissances.

Allégorie de la caverne

Vous est-il déjà arrivé à vous demander pourquoi des millions de personnes surtout en Afrique, qui ont étudié et qui travaillent ne sortent pas de la pauvreté? Si vous voulez savoir pourquoi l'Afrique reste pauvre, vous ferez mieux réfléchir sur l'allégorie de la caverne de Socrate. Elle explique mieux dans quelle situation l'on se trouve.

Dans la fameuse allégorie, Socrate nous rapporte l'histoire des hommes enchaînés et immobilisés dans une demeure souterraine ayant leurs dos tournés vers l'entrée et ne voyant que leurs ombres et celles projetées d'objets au loin derrière eux sur les murs de leur caverne par un feu allumé derrière eux. Des sons, ils ne connaissaient que les échos.

Voici qu'il arriva qu'un jour l'un d'eux se libéra et fut accompagné de force vers la sortie. D'abord, il fut cruellement ébloui par la lumière qu'il n'avait pas l'habitude de voir. Bien que péniblement, il supporta le changement et finit par découvrir la réalité de la vraie vie dehors. Prenant conscience de sa condition antérieure, ce n'est qu'en se faisant violence qu'il retournera auprès de ses semblables et s'évertua à partager son expérience avec ses contemporains. Il se heurta hélas à leur incompréhension conjuguée à l'hostilité des personnes bousculées dans leur confort (illusoire) de leurs habitudes. Aussi, ceux-ci, incapables d'imaginer ce qui lui était arrivé, le recevront très mal et refuseront de croire.

Cette allégorie veut nous apprendre que l'idée selon laquelle l'école nous apprend à devenir riche est une de grandes illusions de notre siècle comme celle du soleil qui tourne autour de la terre l'était des siècles passés.

Pourtant, pour avoir été pauvre et devenu par la suite millionnaire en partant de rien, j'ai découvert une très grande vérité : « chacun de pauvre a aujourd'hui entre ses mains le pouvoir de triompher de la pauvreté et de devenir millionnaire, s'il le veut. Mais à condition de prendre conscience qu'il ne faut pas compter uniquement sur les connaissances scolaires. »

Comme l'homme de l'allégorie de la caverne, j'ai écrit ce livre pour aider mes amis de la caverne à sortir de la grande illusion et à découvrir la vérité sur la richesse et les moyens d'en acquérir. J'espère que les parents sages comprendront que le meilleur héritage qu'on peut laisser à ses enfants n'est plus une formation scolaire, mais une formation scolaire renforcée par une bonne éducation financière apprise à la maison.

Les petites histoires qui peuvent vous inspirer

L'histoire du petit poisson et l'océan

Souvent dans mes conférences j'ai souvent été confronté à la difficulté des auditeurs d'admettre qu'ils peuvent un jour devenir riche et réussir. Vous êtes peut-être l'un d'eux. La raison principale peut se résumer en ces termes : « il n' y a pas assez des richesses pour tout le monde ». Pour répondre à cette objection je me suis souvent servi de cette histoire qu'un ami m'a racontée un bon jour. Un petit poisson sage vivait dans l'océan. Il était heureux et aimait la vie. Cependant, il avait peur de boire beaucoup d'eau même lorsqu'il en avait envie. Pourquoi ? Il craignait de finir l'eau. Il se disait : si je bois beaucoup d'eau l'océan va peut-être sécher et je vais mourir. Alors tout le jour il ne buvait qu'une petite gorgée d'eau insuffisante pour son organisme. Finalement, il mourut tout jeune de déshydratation après une existence de souffrance à cause de ce qu'il s'était mis dans la tête. Dans le même océan vivaient des vieux et gros baleines qui buvaient à leur soif de quantité plus grande sans le moindre scrupule. Eux s'étaient mis dans la tête qu'ils ne finiraient jamais l'eau de l'océan même s'ils en buvaient des tonnes par jour. Petit poisson ou gros baleine, pauvre ou riche, il nous est donné selon ce qu'on s'est mis dans la tête.

J'espère que vous ne penserez plus comme notre petit poisson. En réalité, notre monde est plein de richesses suffisantes pour tout le monde.

Un jour j'avais lu cette grande vérité dans le livre de Bob Proctor : "L'esprit, ou la substance créatrice, ne peut se reproduire, se développer et s'exprimer qu'en fonction des limites que l'homme a fixées à l'instrument par lequel il s'exprime. ... La puissance spirituelle qui vous traverse ne fait qu'obéir au limites établies par vos propres images mentales ou idées".

C'est pour cela lorsque nous voulons changer des choses dans notre vie, nous devons commencer par changer nos limites mentales. Comme Roger Bannister l'a appris au monde, la plupart de nos limites ne sont que mentales.

Lorsque vous ouvrez votre esprit, vous en arrivez à croire qu'il n'y a pas assez de richesse pour tout le monde. Que les riches actuels du monde ne se sont pas déjà accaparés de toutes les richesses au point qu'il n'en reste plus assez pour les autres. Ceci n'est que l'illusion d'une mauvaise forme de penser du type petit poisson.

Faites comme l'empereur Flavius Vespasien

Cette histoire m'a été racontée par un grand ami pour qui j'ai beaucoup de respect, le Révérend Père Rodrigue Ntungu de la congrégation des Jésuites, l'auteur du célèbre livre *le droit Congolais à l'épreuve de la mobilité du capital.*

Dans les siècles passés vivait un empereur romain du nom de Vespasien. Ayant constaté qu'il n'existait pas des toilettes publiques dans son empire, il entreprit de construire des toilettes publiques payantes. Ce fut une première dans l'histoire. Son initiative se révéla très lucrative et il fit une bonne fortune. Mais il n'échappa pas aux critiques de ces contemporains qui voyaient d'un mauvais œil l'argent gagné des toilettes.

C'est alors qu'il dit cette phrase restée célèbre : « *Non olet* », l'argent n'a pas d'odeur.

Il y a plein de choses qui peuvent vous rendre riche. A moins d'être contredit par des études sérieuses vous pouvez devenir riche en construisant des toilettes publiques dans votre ville.

J'ai compris l'importance des toilettes un jour lorsque je visitais l'Europe. Mon premier pays était la France. Dans toutes les villes et toutes les gares où j'avais passé, il y avait des toilettes publiques gratuites. Je m'en servais en bon touriste. Puis j'atterris à Milan venant de Lion. Je devrais prendre un TGV pour Florence et j'avais des difficultés de langue. Dans le bus qui me transportait pour la gare, je sentis un grand désir de me soulager. Je priais pour arriver à la gare pour trouver des toilettes publiques. Cela me prit une éternité pour arriver à la gare ensuite pour localiser les latrines. J'étais au bout de ma continence et je courrais en toute vitesse vers la porte des toilettes lorsque je fus stoppé à la porte par une barrière. Premièrement les toilettes étaient payantes, deuxièmement je n'avais pas de monnaie sur moi et il fallait trouver un endroit pour faire la change car j'avais des billets de cent euros. Troisièmement, il y avait un fil d'attente de plus de quinze personnes devant moi. Imaginez !

Ce jour-là, je me souvins de l'empereur Vespasien et de sa géniale initiative. Sa tradition est bien observée jusqu'à nos jours. C'est qui est important ici c'est le fait que ces toilettes font entrer des millions par an.

Sachez que toute bonne idée simple peut vous rendre millionnaire. Tout ce que vous voyez : montre, chaussures, téléphone, climatisation, télévision... Tout cela a rendu quelqu'un millionnaire. L'argent n'a pas d'odeur.

Pour ceux qui veulent approfondir leurs connaissances

Ricardo Kaniama accompagne des milliers de gens par :

-Des formations sur les finances personnelles

Des formations pratiques et efficaces pour vous permettre de maîtriser l'essentiel pour devenir riche.

- Les coaching financiers

Accompagnement individuel en ligne afin de vous aider à identifier vos problèmes, vos atouts et les stratégies pour atteindre vos nouveaux objectifs financiers.

- Le mentorat

Pour vous aider sur votre chemin vers la richesse. Vous bénéfiez ainsi des conseils expérimentés sur une longue période.

- Les conférences

Pour aider des communautés à faire bouger les choses. Nous assurons des conférences partout au monde.

Pour consulter ses activités rendez-vous sur www.ricardokaniama.com

Ricardo **KANIAMA** est entrepreneur parti de rien, coach et conférencier sur le succès financier personnel. Son rêve est de partager ses connaissances et découvertes avec toute personne désireuse de changer sa vie financière.

45
Secrets pour
réussir dans la vie
ISTC

Pouvez-vous devenir millionnaire et aller au Ciel ?
Ce qu'il faut savoir avant de mourir pauvre
Ricardo KANIAMA
Pouvez-vous devenir millionnaire et aller au Ciel ?
Ce qu'il faut savoir avant de mourir pauvre
Livre d'inspiration
Voici un livre qu'il convient de lire avant de mourir pauvre pour rien. Ce livre peut révolutionner votre vie et briser toute barrière mentale.

Table des matières

Made in the USA
Monee, IL
19 October 2026

66035243R00105